课程标准编委会

本课程标准编委会

顾　　问： 孙喜斌

主要执笔人： 李　岩　尹敏敏　张梓琴

参与执笔人： 刘巧云　孙振波　陈梦秋　徐　帅　黄昭鸣　张联弛　李　敏　徐东升　崔　宁

医学 · 教育康复行业课程标准与实施指南

听障儿童听觉言语康复课程标准

华东师范大学中国言语听觉康复科学与 ICF 应用研究院
华东师范大学康复科学系（听力与言语康复学专业、教育康复学专业）
中国教育技术协会教育康复专业委员会
中国残疾人康复协会语言障碍康复专业委员会
中国优生优育协会儿童脑潜能开发专业委员会
组织编写

南京师范大学出版社
NANJING NORMAL UNIVERSITY PRESS

图书在版编目（CIP）数据

听障儿童听觉言语康复课程标准 / 华东师范大学中国言语听觉康复科学与 ICF 应用研究院等组织编写．— 南京：南京师范大学出版社，2020.8

（医学·教育康复行业课程标准与实施指南）

ISBN 978-7-5651-4310-6

Ⅰ．①听… Ⅱ．①华… Ⅲ．①听力障碍—儿童—教育康复—课程标准 Ⅳ．① G762.2

中国版本图书馆 CIP 数据核字 (2019) 第 232047 号

书　名	听障儿童听觉言语康复课程标准
丛 书 名	医学·教育康复行业课程标准与实施指南
作　者	华东师范大学中国言语听觉康复科学与 ICF 应用研究院 华东师范大学康复科学系（听力与言语康复学专业、教育康复学专业） 中国教育技术协会教育康复专业委员会 中国残疾人康复协会语言障碍康复专业委员会 中国优生优育协会儿童脑潜能开发专业委员会
责任编辑	陈　晨
出版发行	南京师范大学出版社
地　址	江苏省南京市玄武区后宰门西村 9 号（邮编：210016）
电　话	（025）83598919（总编办）　83598412（营销部）　83373872（邮购部）
网　址	http://press.njnu.edu.cn
电子信箱	nspzbb@njnu.edu.cn
照　排	南京凯建文化发展有限公司
印　刷	南京玉河印刷厂
开　本	880 毫米 ×1230 毫米　1/32
印　张	2.375
字　数	66 千
版　次	2020 年 8 月第 1 版　2020 年 8 月第 1 次印刷
书　号	ISBN 978-7-5651-4310-6
定　价	15.00 元

出 版 人　张志刚

序

残疾人事业是中国特色社会主义事业的重要组成部分。关注残疾人的康复与教育问题，改善残疾人的生存生活状况，促进残疾人事业的发展，已成为全面建设小康社会和构建社会主义和谐社会一项重要而紧迫的任务。

我国第二次残疾人口抽样调查的数据表明，全国现有残疾人口 8 296 万，占我国总人口的 6.34%，涉及 2.4 亿人口家庭，有 400 万残疾儿童需要接受医疗、康复和教育。这些年来，我国的医疗卫生、特殊教育、民政、残联等机构和部门的残疾儿童康复与教育工作也取得了显著成效；但我国残疾人事业基础还较薄弱，残疾人社会保障政策措施尚不够完善，残疾人在基本生活、医疗卫生、康复、教育、就业、社会参与等方面还存在许多困难，他们的总体生活状况与社会平均水平之间仍存在较大差距。残疾人仍然是社会中一个特殊的弱势群体，他们多数仍然生活在社会的底层，离平等参与社会生活、共享人类文明成果的目标还甚远。

本世纪初，随着社会康复需求的不断增加，我们立足国际最先进的理念与国内发达地区最早的社会需求，萌生建立中国的教育康复学的念想。客观讲，我国的残疾儿童的医疗康复服务主要由医院、康复机构承担，教育主要由学前教育机构、特殊教育学校提供。近些年来，学界和政府有关部门开始关注这种康复与教育分离的模式能否真正满足残疾儿童的发展与成长需求。随着医教结合、综合康复理念在我国医学康复、教育康复领域渐成共识，医学·教育康复由此应运而生，医学·教育康复行业课程标准与实施指南的制定亦进入专家学者们的研究视野。

医学·教育康复是研究如何为兼具康复与教育双重需求的特殊需要儿童提供系统、科学的技术支持与同步服务的学科。我们组织教育、医疗、康复学界众多专家学者组建课题攻关团队，以若干国家、省（市）部级重大重点课题及前期成果为支撑，经过不懈努力，2013 年经教育部批准，华东师范大学在全国率先成立教育康复学专业。教育康复学专业的诞生，既填补了我国高等院校相关学科的空白，同时又对我国特殊教育、听力和言语康复、康复治疗的科学发展，对方兴未艾的“医教结合”新模式的推广，对复合型特殊教育师资、康复治疗师的培养，对残疾人教育、医疗、康复质量及水平的提高等具有重要意义。

目前不少进入学前教育机构、特殊教育学校的儿童还无法清楚说话、难以执行简单指令，甚至无法安坐，带病上学成为特殊需要儿童的入学常态，教学目标很难实现，需要针对性的康复课程介入。例如,《培智学校义务教育课程标准》明确将康复训练列为其重要内容。当学生粗大动作和精细动作发展存在显著迟缓或功能障碍时，应从物理治疗和作业治疗等相应领域开展康复训练；当学生在言语、语言发展上出现明显迟缓，存在语音、流畅性、语法、语义等方面困难时，应进行言语语言康复训练；当学生出现注意缺陷、多动、行为问题、情绪障碍、人际交往困难时，应开展心理治疗、行为矫正与行为支持、音乐治疗和游戏治疗等康复训练。康复课程不分学段，应根据学生的特殊需求，在世界卫生组织 ICF 框架下采用“评估—训练—评估”的模式进行，最终达到预期的康复效果。

为解决这些问题，受教育部委托，华东师范大学在全国范围遴选特殊教育学校进行“医教结合”实验，以期残疾儿童在学前教育机构、特殊教育学校接受教育的同时，也能获得针对性的医疗和康复服务。我们在全国 18 所医教结合实验校和 21 所医教结合师资培训基地的实践表明：医教结合的康复教育新模式对于残疾儿童的医疗康复效果极佳，家庭经济负担大为减轻，教育质量得到明显提高，这种“医教结合，综合康复”的模式具有强大的生命力。

近几年，在华东师范大学中国言语听觉康复科学与ICF应用研究院、康复科学系（听力与言语康复学专业、教育康复学专业）的努力下，在中国教育技术协会教育康复专业委员会、中国残疾人康复协会语言障碍康复专业委员会、中国优生优育协会儿童脑潜能开发专业委员会的支持下，在全国医教结合师资培训基地的配合下，专家组研制了医学·教育康复行业课程标准，课程标准具体包括：《言语障碍康复课程标准》《儿童语言康复课程标准》《儿童认知障碍康复课程标准》《儿童情绪行为障碍干预课程标准》《儿童运动康复课程标准》《听障儿童听觉言语康复课程标准》《康复仪器设备与教学信息化配备标准》等。

本系列课程标准有助于规范指导康复教师和康复治疗师使用康复设备及专业工具，对障碍者采用定量与定性的综合方法进行评定、制订方案、实施康复训练、跟踪康复效果，同时提供康复咨询与指导。

此外，本系列课程标准还另外配套了与康复关系密切的四门课程的实施指南：《智力障碍儿童生活语文学科实施指南》《智力障碍儿童生活适应学科实施指南》《智力障碍儿童生活数学学科实施指南》《智力障碍儿童心理健康学科实施指南》。

本系列课程标准与实施指南既可作为大学本科、研究生或高职院校康复治疗学、听力与言语康复学、言语听觉康复技术以及教育康复学和特殊教育学专业教学参考使用，也可为医院、康复机构、特殊教育学校及民政福利机构等相关部门开展残疾儿童各板块康复的评估、治疗、监控、教学、管理和研究工作使用。我们期待本系列课程标准与实施指南能为中国康复教育事业的发展做出贡献，同时也期待本套课程标准与实施指南在实践中渐趋完善，成为一套言之有理、操之有物、行之有效的临床或一线教育康复的工作指南。

《医学·教育康复行业课程标准与实施指南》编写委员会

2020年4月

目　录

一、导言

语言文字是人类最重要的交际工具和信息载体，是人类文化的重要组成部分。语言文字的运用，包括生活、工作和学习中的听说读写以及文学活动，存在于人类社会的各个领域。当今世界，经济全球化趋势日渐增强，现代科学和信息技术迅猛发展，新的交流媒介不断出现，给社会生活中的语言带来巨大变化，对中华民族优秀传统文化的继承，对语言文字运用的规范带来新的挑战。时代的进步要求人们具有开阔的视野、开放的心态、创新的思维，对人们的语言文字运用能力和文化选择能力提出了更高的要求。

听觉障碍给聋生学习和运用语言文字、了解人类文化和参与社会生活带来了严重的影响。聋校自历史上就非常重视在语文课之外加大力度培养聋生语言能力。1993 年版的《全日制聋校课程计划》强调了对听力语言残疾学生生理、心理缺陷的补偿。“缺陷补偿是聋教育对象客观存在的需要所决定的，是聋教育取得成效的重要标志。”《全日制聋校课程计划》在多处对缺陷补偿提出了明确的要求，如：在“前言”部分提出“坚持因材施教、分类教学和缺陷补偿的原则”，要让学生了解自身的缺陷及补偿办法；在“培养目标”部分，提出“对听力语言残疾学生补偿生理和心理缺陷”；在“课程设置”部分，提出“学校在教育、教学工作中……重视学生的生理、心理特点，充分补偿其听觉缺陷”，对各学科教学明确提出“特别是提高学生的语言表达能力”的要求，在“活动”课程中专设“个别矫正”，要求针对学生的听觉、语言、心理、行为缺陷，采取个别或小组形式，进行矫正和训练；在“说明”中提出“聋校必须积极实行分类教学。要根据学生听力损失状况及补偿程度，实行分班或分组教学”。所以一直到2007年《聋校义务教育课程设置实验方案》颁布，聋校一至三年级学科设置一直安排有语言训练课，且搭配人教社出版的全日制聋校实验教材《语言训练》。

2016年，《聋校义务教育语文课程标准》颁布，以我国实施新一轮课程改革后的第一个正式的语文课程标准《义务教育语文课程标准》为蓝本的《聋校义务教育语文课程标准》是我国基础教育改革中特殊教育方面的第一个关于聋校语文课程标准的文件。《聋校义务教育语文课程标准》与《义务教育语文课程标准》一样以“知识与能力、过程与方法、情感态度与价值观”为三维目标，但因聋校教育对象不同，这三个维度的内涵有着鲜明的聋教育特色：在知识与能力培养方面的要求聋生实际稍低于普校学生；过程与方法这个维度则在普教基础上特别关注聋生特殊需要的康复方法；情感态度与价值观这个维度与普校一样最终指向人的素养和精神成长，但是聋校课程标准明确提出“提高思想文化修养，培养聋生自尊、自信、自强、自立的精神”这一适切聋生身心发展特点和规律的要求。在课程性质、课程理念、课程设计思路、课程目标与内容等方面均清晰体现了聋教课程标准在普教课程标准的基础上充分考虑了教育对象的生理、心理特点，如：课程性质中明确“把握语文教育和聋生身心发展的特点和规律，致力于培养聋生语言文字的理解和运用能力”；课程理念中提出“要尊重聋生在语文学习过程中的独特体验；观察、体验、操作是聋生获得外部信息、提升认知能力的重要途径和手段；尊重聋生的个体差异，从聋生的基础与发展需要出发，确定适合的教学目标、教学内容、教学组织形式和教学评价方式”；课程设计思路提出“依据聋生的生理和心理特点，遵循聋校语文教育和聋生语言发展的规律学习知识”；课程目标与内容，如第一学段（1～3年级）中依据聋生特点提出“认识汉语拼音，基本掌握拼读方法，口形基本正确；熟练地使用汉语手指字母。了解拼音声调，正确书写声母、韵母、音节；能看懂手指语，看（听）得懂简单的词语和句子；书写规范、端正、整洁；学习正确朗读课文，注意发音和口形；能用口语、手语或图文等方式表达自己的见闻和想法”；教学建议提出“依据聋生语言习得的特点进行教学，一切教学都应在有内容的活动中进行，并结合聋生已有的生活经验和语文积累，借助具体的、直观的事物，充分利用视觉观察的优势，帮助聋生理解和运用语言文字；根据聋生语言形成的特点，合理运用不同的语言沟通手段和教学方式，加强对聋生手语与书面语表达方式的分析和转换能力的指导，加强阅读能力和表达能力的培养，使每个聋生的语言能力不断提高”。

聋教课程标准在普教课程标准的基础上充分考虑了教育对象的生理、心理特点，遵循教育规律，尊重人，发展人。聋校低学段时期是听觉言语康复稳固的重要时期，因此传统与现代结合来开设听觉言语康复课程是非常必要的。

（一）课程定位

听觉言语康复课程是针对聋校低年级段（学龄预备班，一、二年级）学生开设的课程。听觉言语康复课程是一门针对聋生听觉言语障碍，以语文学科知识点为载体进行听觉、言语、语言、认知康复的综合性、实践性课程。聋校义务教育阶段第一学段的听觉言语康复校本课程，应使聋生从听觉、言语、语言、认知四个功能模块出发，提升听觉言语功能，增强运用祖国语言文字进行交流沟通的能力，提高思想文化修养，培养自尊、自信、自强、自立的精神。工具性与人文性的统一，是听觉言语康复课程的基本特点。

（二）课程理念

1. 全面提高聋生的听觉言语康复能力

听觉言语康复课程要面向聋校低年级段学生，使每一位聋生获得基本的听觉言语康复训练，促进聋生全面、主动、有个性的发展。

听觉言语康复课程要关注聋生的情感体验，激发他们听觉言语康复的兴趣，帮助他们形成康复的自信心和成就感。听觉言语康复课程要引导聋生初步掌握听觉言语康复的基本方法，养成良好的康复习惯，逐步形成适应实际生活需要的听觉、言语、语言、认知能力，为他们融入社会以及终身学习与发展奠定坚实的基础。听觉言语康复课程还应通过语文课知识点的引领，巩固聋生的语文知识，使聋生提高思想道德修养和审美情趣，形成良好的个性和健全的人格。

2. 积极推进差异性教学

听觉言语康复课程应体现以生为本的思想，坚持因材施教的原则，尊重聋生的个体差异，从聋生的基础与发展需要出发。由于聋生听觉、言语、语言、认知的方式以及在生活环境等方面存在差异，他们具有不同的学习需求和学习特点，因此，在教学目标、教学内容、教学过程、教学评价和教学资源的利用与开发等方面应考虑全体聋生的发展需求。听觉言语康复课程应使每个聋生在教师的指导下得以进行适合自身的康复训练，拓展视野、活跃思维、展现个性。

3. 正确把握聋生听觉言语康复的特点

依据聋生言语的生理发展顺序，遵循 RPRAP 理论，促进聋生听觉、言语、语言、认知康复训练科学的、循序渐进的进行；针对每个聋生言语障碍的不同特点，通过评估—治疗—监控的 ATM 操作模式，制定并实施属于每个个体的言语康复训练方案。

4. 努力建设开放而有活力的听觉言语康复课程

听觉言语康复课程的建设应继承我国语文教育的优良传统，注重听说读写，注重整体把握聋生听觉、言语、语言、认知要点的康复训练；应密切关注现代社会发展的需要，拓宽听觉言语康复和运用的领域，注重跨学科的学习和现代科技手段的运用，使聋生在不同内容和方法的相互交叉、渗透和整合中开阔视野，提高康复效率。听觉言语康复课程应该是开放而富有创新活力的。为适应社会发展需要，满足不同地区、不同学校、不同学生的需求，应确定适合的课程目标和课程内容，开发与之相适应的课程资源，形成相对稳定而又灵活的实施机制，不断地自我调节、更新发展。

（三）设计思路

（1）聋校听觉言语康复课程应坚持育人为本，践行社会主义核心价值观，继承我国优良传统，汲取当代聋教育科学理论的精髓，借鉴国内外聋人沟通与交往教学改革的经验，遵循聋生身心发展的规律，着眼于聋生个体发展和社会交往的需要，提高聋生的听觉语言水平，为聋生的终身发展奠定基础。

（2）听觉言语康复课程应注重引导聋生多实践、多积累，让聋生在听觉言语康复实践中掌握听觉言语康复技能的应用策略。

（3）整体设计学龄预备班与一、二年级的课程总目标，在总目标之下，按学龄预备班、一年级和二年级分别提出年级目标与内容。

（4）依据学龄预备班、一年级和二年级聋生听觉言语康复的需要，安排"听觉""言语""语言"三个方面的教学内容。在三个方面的教学内容中，"听觉"包括听觉察知、听觉分辨、听觉识别和听觉理解；"言语"包括呼吸、发声、共鸣、构音、语音；"语言"包括基本沟通技能、词语或词组理解与表达能力、句子理解与表达能力、语言综合运用能力。

（5）在聋生听觉言语康复课程标准的"课程实施建议"部分，对教学、评价、保障课程实施等提出了相应的原则、方法和策略，也为具体操作留有创造的空间。

（6）听觉言语康复的每个阶段都设有评估、监控指标，用于评估和监控学生言语障碍的类型和康复进程；言语康复的每个阶段都包含丰富的方法（促进治疗法、重读治疗法、口部运动治疗法、构音音位对比法等）及现代技术，用于治疗学生存在的各种言语问题。

二、课程目标

（一）总目标

通过对听障儿童进行有针对性的听觉功能和言语功能综合康复训练，在每名儿童自身听力补偿状态和目前能力发展水平的基础上，使其提升听觉和言语功能，培养倾听（唇读）的良好习惯，强化口语表达能力，增强沟通交往能力，为儿童融入普通学校，适应社会奠定基础。

（二）阶段目标

1. 学龄预备班（幼小衔接班）

以汉语拼音和生活中的声音（言语声、非言语声）为主要内容，进行听觉言语综合康复训练。依据学生不同的听力状况和能力水平，可适当调整目标。听力补偿为“最适”和“适合”的儿童以发展口语为主，听力补偿为“较适”和“看话”的儿童以发展手指语、唇读为主。具体目标包括：

（1）能判断声音的有无。

（2）能从时长、强度、频率和快慢四个维度分辨声音的相同与不同之处。

（3）能正确地识别（看）和发音：6 个核心韵母 a、o、e、i、u、ü，23 个声母（b、m、d、h、p、t、g、k、n、f、j、q、x、l、z、s、r、c、zh、ch、sh、y、w）。

（4）能理解单条件和双条件词语，能理解单条件词语并逐步向双条件词语过渡（以双音节词语为主）。

（5）能听（看）懂基本的课堂用语、日常交往用语。

（6）能逐步建立正常的呼吸方式，呼吸支持达同龄同性别正常儿童水平，呼吸与发声系统协调，无异常。

（7）能逐步调整音调、响度，达到自然、舒适状态。

（8）能逐步建立正确的口腔共鸣模式和鼻腔共鸣模式。

（9）能正确地打出汉语拼音字母指式，能看懂学过的手指语。

2. 一年级

以聋校一年级语文课程的拼音与词语掌握为目标，进行听觉言语综合康复训练。依据学生不同的听力状况和能力水平，可适当调整目标。听力补偿为“最适”和“适合”的儿童以发展口语、书面语为主，听力补偿为“较适”和“看话”的儿童以发展手指语、书面语和唇读为主。具体目标包括：

（1）能理解三条件词语，能理解双条件词语并逐步向三条件词语过渡。下学期能理解 40 个左右的简单主谓句或主谓宾句子。

（2）能听（看）懂基本的课堂用语、日常交往用语和各学科教学中的常用术语。

（3）能建立正常的呼吸方式，呼吸支持达同龄同性别正常儿童水平，呼吸与发声系统协调，无异常。

（4）能调整音调、响度，达到自然、舒适状态。

（5）能建立正确的口腔共鸣模式和鼻腔共鸣模式。

（6）能正确地识别（看）和发音：35 个韵母，23 个声母和四声调。学会用两拼法拼读音节，会正确地拼读（或直呼）教材中出现的音节。

（7）能正确地打出汉语拼音字母指式；能正确、清晰地打出音节指语，姿势正确；能看懂学过的手指语。

（8）会正确朗读教材中出现的词语和句子，能读出词语之间的停顿。

（9）会写拼音字母，做到笔顺、格式正确。能正确地抄写音节、声调，逐步了解声调标法。能仿照田字格中的生字和笔顺分解书写生字，姿势端正，执笔方法正确。在此基础上，进一步掌握汉字笔画名称和书写规则，正确地书写汉字。认识部分常用偏旁。

（10）能默写学过的词语。能用学过的词语替换句子中相应的词语，组成新的句子，并能理解句子的意思。

（11）初步建立句子的概念。能理解课文中的句子，懂得要说完整的话，开始练习仿写句子。

（12）学习正确地观察图画，准确地理解图意。能看图或看演示说、写一句简单的话，要求句子完整。

（13）初步学习对话。能听（看）懂别人的问话，逐步学习用完整的语句回答简单的问题，初步培养设问的能力。

（14）认识和学习使用句号。

3. 二年级

以聋校二年级语文课程的词语与句子掌握为目标，进行听觉言语综合康复训练。依据学生不同的听力状况和能力水平，可适当调整目标。听力补偿为“最适”和“适合”的儿童以发展口语、书面语为主，听力补偿为“较适”和“看话”的儿童以发展手指语、书面语和唇读为主。具体目标包括：

（1）能理解三条件词语。从理解简单的单句、较复杂的单句和简单的复句逐步过渡到理解“把”字句、有关联词语的并列复句、简单的递进复句、无关联词语的因果复句以及简单的比喻句，涉及100个左右的句子。

（2）能正确、清晰、熟练地打出手指语，能看懂学过的手指语。

（3）能正确地、熟练地读出新音节，正确地说出所学的词语，能正确、流畅、有感情地朗读句子。

（4）能正确工整地抄写音节，给汉字注音，掌握声调的标法；能认识汉字的笔画名称，认识常见的偏旁，区别形近字。

（5）能背诵和默写学过的词语和句子，学习积累词语和句子。

（6）听（看）话时能听（看）懂大部分已学过的常用词语和句子，并能灵活运用。

（7）能正确理解图意和对应的句意，进一步建立句子的概念，培养说完整句、把句子写通顺的能力。

（8）培养正确观察图画和事物的能力，能看图或看演示说（写）一两句或两三句语句完整、意思连贯的话。能用学过的词语和句子回答简单的问题。

（9）能在家庭、学校的日常生活中借助手势语表达常用语句，能有礼貌地用口语或借助手语与他人进行沟通。

（10）认识和学习使用逗号和问号。

三、课时设置

在学龄预备班（幼小衔接班），根据听障儿童对言语听觉康复的需求，应保证每周至少5课时，每学期总课时数不少于80课时的康复时间。

学龄阶段，学校根据学生听觉言语康复的需要，依据国家《聋校义务教育课程设置实验方案》，在低年级段（1～2年级）应保证每周至少10课时，每学期总课时数不少于160课时的康复时间。各学校根据学生的实际情况，对有特别需要的学生增加个别化训练的时间。

四、课程内容

（一）学龄预备班（幼小衔接班）

训练项目		目标与内容	教学建议
听觉	1. 听觉察知	**（1）无意察知** 能在无意识状态下，判断是否有声音（主频段不同的乐器声，滤波复合音）。 **（2）有意察知** 能在有意识状态下，判断是否有声音（滤波复合音，林氏五音）。	**（1）教学准备** 自备材料：手鼓、双响筒、锣等主频段不同的打击乐器；GSVLH-PC2B2 型听觉评估仪。 推荐材料：听觉干预仪 Dr. Hearing-2，《听觉功能评估标准及方法》。 **（2）教学方法** 无意察知：治疗师在学生不经意的状态下给声，并观察学生的反应。 有意察知：在学生理解听到声音就举手或放积木的情况下治疗师给声。 **（3）目标达成** 无意察知：学生在声音发出后迅速做出抬头、寻找声音等反应。 有意察知：学生在声音发出后放下积木或套圈，表示已察知声音。
	2. 听觉分辨	**（1）无意义音节分辨** 能从时长、强度、频率、快慢四个维度分辨无意义音节的异同，如：能辨别出不同频率（高、中、低）的声音；参照音的频率，感知目标音的高、中、低；能够分辨出两个目标音的频率“一样”或“不一样”。 **（2）有意义音节分辨** 能从时长、强度、音调、节奏四个维度分辨有意义音节的异同。	**（1）教学准备** 自备材料：图片。 推荐材料：听觉干预仪 Dr. Hearing-2，《听觉功能评估标准及方法》。 **（2）教学方法** 在学生面前呈现表示相同和不同的图片，播放声音，请学生指一指声音相同还是不同；若学生不配合，可用跟读的方式练习。 在训练时，应首先分辨差异较大的无意义音节，时长是最容易分辨的线索，其次是强度分辨，最难的是频率分辨，尤其是对高频音的分辨。 然后，再分辨差异较小的有意义音节，先安排分辨三音节 / 单音节，再安排双音节 / 单音节，最后安排三音节 / 双音节。 **（3）目标达成** 学生在听到两个声音后，正确地指出表示相同 / 不同的图片。

续表

训练项目		目标与内容	教学建议
听觉	3. 听觉识别	**（1）韵母识别** 能从相同结构、不同开口，相同开口、不同结构，相同开口、相同结构，前鼻韵母与后鼻韵母 4 组韵母中正确识别。 **（2）声母识别** 能从擦音与无擦音，浊辅音与清辅音，送气音与不送气音，相同部位、不同方式，相同方式、不同部位，卷舌音与非卷舌音 6 组声母中正确识别。	**（1）教学准备** 自备材料：图片。 推荐材料：听觉干预仪 Dr. Hearing-2，《听觉功能评估标准及方法》。 **（2）教学方法** 在学生知晓所有选项的发音后，请学生听一听，找一找电脑里 / 老师说的是哪个词 / 音。 先进行韵母识别训练，再进行声母识别训练；训练的词应贴近学生生活；卷舌音与非卷舌音、前鼻韵母和后鼻韵母的识别是训练难点。 **（3）目标达成** 学生能迅速正确地指出代表测试音的图片。
	4. 听觉理解	**（1）单条件词语** 单条件词语是只要把握其中 1 个词的含义即能理解的词语。听到目标词（单条件词语）后，能在 4 幅图片中正确指出代表图片。 **（2）双条件词语** 双条件词语是必须同时掌握 2 个词的含义才能理解的词语。听到目标词（双条件词语）后，能在 4 幅图片中正确指出代表图片。	**（1）教学准备** 自备材料：图片。 推荐材料：听觉干预仪 Dr. Hearing-2，《听觉功能评估标准及方法》。 **（2）教学方法** 出示 4 幅图片，其中 1 张图片代表目标词，另外 3 张为干扰项。治疗师 / 听觉干预仪说目标词 1 次，学生迅速找出与目标词相对应的图片。 **（3）目标达成** 学生能迅速指出代表目标词的图片。
呼吸	1. 呼吸放松	能通过“呼吸放松训练”为正确的言语呼吸进行准备。	**（1）教学准备** 自备材料：呼吸放松训练的示范视频。 推荐材料：《呼吸障碍的促进治疗》第 1 册。 **（2）教学方法** 呼吸放松训练。

续表

训练项目		目标与内容	教学建议
呼吸	2. 呼吸方式	**（1）生理腹式呼吸** 能通过“生理腹式呼吸训练”建立正确、自然、舒适的生理腹式呼吸方式。 **（2）言语腹式呼吸** 能通过“嗯哼法”“拟声法”和“数数法”，从生理腹式呼吸过渡到言语腹式呼吸。	**（1）教学准备** 推荐材料：《呼吸障碍的促进治疗》第2、3、4、5册。 推荐设备：言语障碍矫治仪。 **（2）教学方法** 生理腹式呼吸训练、声音感知训练、嗯哼法、拟声法、数数法。
	3. 呼吸支持	**（1）言语呼吸深度** 能通过“快速用力呼气法”提高言语呼吸深度。 **（2）呼吸稳定性** 能通过“缓慢平稳呼气法”“最长声时训练”，提高言语呼吸气流的稳定性。 **（3）呼吸支持** 能通过“逐字增加句长法”增强言语呼吸支持能力，为提高呼吸与发声的协调性奠定基础。	**（1）教学准备** 推荐材料：《呼吸障碍的促进治疗》第6、7、8册。 推荐设备：言语障碍测量仪、言语障碍矫治仪。 **（2）教学方法** 快速用力呼气法、缓慢平稳呼气法、最长声时训练、逐字增加句长法。 **（3）评估 / 监控指标** 最长声时。
	4. 呼吸与发声协调	**（1）起音方式** 能通过“起音感知训练”建立起音概念，体会正确的起音方式。 **（2）改善硬起音** 能通过“气息式发音法”和“减少硬起音训练”，改善硬起音现象。 **（3）改善软起音** 能通过“甩臂后推法”和“减少软起音训练”，改善软起音现象。 **（4）起音速率** 能通过“提高起音速率训练”体会起音速率，并最终提高起音速率。	**（1）教学准备** 推荐材料：《呼吸障碍的促进治疗》第9、10、11、12册。 推荐设备：言语障碍测量仪、言语障碍矫治仪。 **（2）教学方法** 唱音法、啭音法、起音感知训练、气息式发音法、减少硬起音训练、甩臂后推法、减少软起音训练、提高起音速率训练。 **（3）评估 / 监控指标** 最大数数能力、s/z 比。

续表

训练项目		目标与内容	教学建议
发声	1. 发声放松	**发声准备** 能通过“发声放松训练”“哈欠—叹息法”“张嘴法”为正确的发声进行准备。	**（1）教学准备** 自备材料：发声放松训练的示范视频。 推荐材料：《发声障碍的促进治疗》第 1、2、3 册。 **（2）教学方法** 发声放松训练、哈欠—叹息法、张嘴法。
	2. 响度	**（1）响度感知** 能通过“响度感知”对抽象的响度概念有形象、具体的理解。 **（2）增加响度** 能通过“用力搬椅法”“掩蔽法”和“碰撞法”，增加响度。 **（3）响度控制** 能通过“响度梯度训练法”在增加或降低响度的基础上，提高对响度的控制能力。	**（1）教学准备** 推荐材料：《发声障碍的促进治疗》第 6、7、8、9 册。 推荐设备：言语障碍测量仪、言语障碍矫治仪。 **（2）教学方法** 响度感知、用力搬椅法、掩蔽法、碰撞法、响度梯度训练法、响度训练。 **（3）评估 / 监控指标** 平均强度。
	3. 音调	**（1）音调感知** 能通过“音调感知”对抽象的音调概念有形象、具体的理解。 **（2）音调控制** 能通过“手指按压法”“乐调匹配法”和“音调梯度训练法”，增加或降低音调，并在此基础上提高对音调的控制能力。	**（1）教学准备** 推荐材料：《发声障碍的促进治疗》第 4、5 册。 推荐设备：言语障碍测量仪、言语障碍矫治仪。 **（2）教学方法** 音调感知、手指按压法、乐调匹配法、音调梯度训练法、音调训练。 **（3）评估 / 监控指标** 平均基频、基频标准差。
	4. 嗓音音质	**改善音质** 能通过“哼鸣法”“半吞咽法”“气泡发音法”和“电声门图”，改善由声门闭合不全导致的音质障碍。 能通过“吸入式发音法”改善由室带发声导致的音质障碍。	**（1）教学准备** 推荐材料：《发声障碍的促进治疗》第 10 ~ 15 册。 推荐设备：言语障碍测量仪、言语障碍矫治仪、喉功能检测仪。 **（2）教学方法** 喉部按摩法、咀嚼法、吟唱法、哼鸣法、半吞咽法、气泡发音法、电声门图、吸入式发音法。 **（3）评估 / 监控指标** 基频微扰、振幅微扰、噪声能量、接触率、接触幂。

续表

训练项目		目标与内容	教学建议
共鸣	1. 共鸣放松	能通过“共鸣放松训练”为正确的共鸣进行准备。	**（1）教学准备** 自备材料：共鸣放松训练的示范视频。 推荐材料：《共鸣障碍的促进治疗》第 1 册。 **（2）教学方法** 共鸣放松训练。
	2. 口腔共鸣	**（1）改善前位聚焦** 能通过“后位音法”“元音匹配训练”和“元音跟踪训练”，增加舌向后运动，改善前位聚焦。 **（2）改善后位聚焦** 能通过“前位音法”“元音匹配训练”和“元音跟踪训练”，增加舌向前运动，改善后位聚焦。 **（3）改善喉位聚焦** 能通过“伸舌法”“元音匹配训练”和“元音跟踪训练”，改善喉位聚焦。	**（1）教学准备** 推荐材料：《共鸣障碍的促进治疗》第 2、3、4 册。 推荐设备：言语障碍测量仪、言语障碍矫治仪。 **（2）教学方法** 后位音法、前位音法、伸舌法、元音匹配训练、元音跟踪训练。 **（3）评估 / 监控指标** 共振峰。
	3. 鼻腔共鸣	**（1）改善鼻腔共鸣低下** 能通过“鼻腔共鸣法”减少鼻腔共鸣低下，增强鼻腔共鸣。 **（2）改善鼻腔共鸣亢进** 能通过“口腔共鸣法”减少鼻腔共鸣亢进，增强口腔共鸣。	**（1）教学准备** 推荐材料：《共鸣障碍的促进治疗》第 5、6 册。 推荐设备：鼻音功能测量与训练仪。 **（2）教学方法** 鼻腔共鸣法、口腔共鸣法。 **（3）评估 / 监控指标** 鼻流量、口鼻共振峰、口腔能量集中率、鼻共鸣增强区。
	4. 共鸣音质	**言语共鸣** 能通过“鼻音 / 边音刺激法”“头腔共鸣法”“胸腔共鸣法”“U 声道法”，提高整体的言语共鸣效果。	**（1）教学准备** 推荐材料：《共鸣障碍的促进治疗》第 7、8、9、10 册。 **（2）教学方法** 鼻音 / 边音刺激法、头腔共鸣法、胸腔共鸣法、U 声道法。

续表

训练项目		目标与内容	教学建议
构音	1. 口部运动	**（1）下颌运动模式** 能通过“增强下颌感知觉的治疗”“提高咬肌肌力的治疗”“下颌运动障碍的针对性治疗”，建立正常的下颌运动模式。 **（2）唇运动模式** 能通过“增强唇感知觉的治疗”“提高唇肌肌力的治疗”“唇运动障碍的针对性治疗”，建立正常的唇运动模式。 **（3）舌运动模式** 能通过“增强舌感知觉的治疗”“提高舌肌肌力的治疗”“促进舌后侧缘稳定的治疗”“舌运动障碍的针对性治疗”，建立正常的舌运动模式。	**（1）教学准备** 推荐设备：构音障碍康复训练仪。 **（2）教学方法** 增强下颌感知觉的治疗，提高咬肌肌力的治疗，以及下颌运动受限、运动过度、分级控制、下颌转换障碍等下颌运动障碍的针对性治疗。 增强唇感知觉的治疗，提高唇肌肌力的治疗，以及圆唇运动、展唇运动、唇闭合、唇齿接触、圆展交替等唇运动障碍的针对性治疗。 增强舌感知觉的治疗，提高舌肌肌力的治疗，促进舌后侧缘稳定的治疗，以及舌向前、舌向后、舌前后转换、马蹄形上抬、舌后部上抬、舌侧缘上抬、舌尖上抬、舌前部上抬等舌运动障碍的针对性治疗。
	2. 构音运动	**（1）下颌构音运动模式** 能通过“下颌构音运动训练”和“下颌构音重读治疗”，建立正确的下颌构音运动模式。 **（2）唇构音运动模式** 能通过“唇构音运动训练”和“唇构音重读治疗”，建立正确的唇构音运动模式。 **（3）舌构音运动模式** 能通过“舌构音运动训练”和“舌构音重读治疗”，建立正确的舌构音运动模式。	**（1）教学准备** 推荐设备：构音障碍康复训练仪、言语重读干预仪。 **（2）教学方法** 下颌构音运动训练、下颌构音重读治疗。 唇构音运动训练、唇构音重读治疗。 舌构音运动训练、舌构音重读治疗。 **（3）评估 / 监控指标** 下颌距、舌距、舌域图、口腔轮替运动速率。

续表

训练项目		目标与内容	教学建议
构音	3. 构音语音	**（1）音位诱导** 能通过“音位诱导训练”诱导出本被遗漏、替代或者歪曲的目标音位。 **（2）音位习得** “音位习得训练”：将诱导出的音位进行类化，进行单、双、三音节的习得训练。在进行声母＋单元音的习得训练时可借助“言语重读干预仪”，结合重读治疗法，一般结合慢板节奏二进行音位习得的训练，以促进音节内的自然转换，并提高语音流畅性。 **（3）音位对比** “音位对比训练”：将容易混淆的一对声母音位提取出来进行专门的强化训练。在进行音位对比训练时，可结合“言语重读干预仪”，以促进音位对的准确切换，避免音位对的混淆。一般结合行板节奏一进行音位对比的训练。 **（4）音位强化** 在“声韵强化训练”中模拟各种日常情景，以加强对于目标音位灵活运用的能力。	**（1）教学准备** 推荐设备：构音障碍康复训练仪、言语重读干预仪。 **（2）教学方法** 增强对目标音位的感知、认识目标音位的发音部位和方法、诱导目标音位、单音节训练、双音节训练、三音节训练、音位对比训练、棋盘游戏训练、生活言语训练。 **（3）评估 / 监控指标** 构音清晰度、时长、频率。

续表

训练项目		目标与内容	教学建议
语音	1. 语音清晰度	**（1）语音巩固** 能通过“听说复述法”“情景对话法”“游戏法”等，增强 21 个声母（不包括 y、w）的语音巩固能力。 **（2）语音重复** 能通过“听说复述法”“情景对话法”“游戏法”等，增强 21 个声母的语音重复能力。 **（3）语音切换** 能通过“听说复述法”“情景对话法”“游戏法”等，增强 23 对声母音位对的语音切换能力。 **（4）语音轮替** 能通过“听说复述法”“情景对话法”“游戏法”等，增强相同部位或相同方式声母的语音轮替能力。	**（1）教学准备** 推荐设备：语音障碍康复训练仪。 **（2）教学方法** 听说复述法、情景对话法、游戏法。 **（3）评估 / 监控指标** 字清晰度、句清晰度、连续语音清晰度。
	2. 连续语音韵律	**（1）语音韵律** 可通过“重读治疗法”进行慢板节奏训练、行板节奏训练和快板节奏训练，通过建立正确的重读方式提高连续语音的韵律。 **（2）连续语音** 可通过“重读治疗能量法”寻找能量集中的位置，强调从声母、韵母到音节、词语和句子的过渡，加强发出连续语音的诱导。	**（1）教学准备** 推荐设备：言语重读干预仪。 **（2）教学方法** 重读治疗法、重读治疗能量法、重读治疗支架法。 **（3）评估 / 监控指标** 平均基频、平均强度、基频标准差、基频范围、语调、语速。
手语	手指语	能正确地打出所学的汉语拼音字母指式。 能看懂学过的手指语。	**（1）教学准备** 自备材料：《中国手语》。 **（2）教学方法** 模仿示范法。

续表

训练项目		目标与内容	教学建议
日常用语	1. 指令听从	**基本指令听从** 能理解和执行日常生活中父母或康复师发出的最基本的动作指令，一般指一个步骤即可完成的动作指令。例：起立！坐下！	**（1）教学准备** 自备材料：图片。 推荐材料：康复云课件。 **（2）教学方法** 可采用示范模仿法和判断纠正法进行训练。 **（3）目标达成** 对日常生活中父母或康复师发出的基本指令做出正确反应。例：起立！
	2. 礼貌用语	**简单问候** 能在不同场合不同时间恰当地使用礼貌用语。例：你好！谢谢！再见！	**（1）教学准备** 自备材料：图片或实物。 推荐材料：康复云课件。 **（2）教学方法** 可采用示范模仿法和主题活动法进行训练。 **（3）目标达成** 能在不同场合不同时间恰当地使用礼貌用语。例：早上好！对不起！谢谢！

（二）一年级

训练项目		目标与内容	教学建议
听觉	听觉理解	**（1）双条件词语** 具体内容及教学方法参考“学龄预备班（幼小衔接班）”中的相应内容。 **（2）三条件词语** 三条件词语是必须同时掌握 3 个条件才能准确地做出判断的词语。听到目标词（三条件词语）后，能在 4 幅图片中正确指出代表图片。	**（1）教学准备** 自备材料：图片、国家语文教材 / 省级语文教材 / 校本教材。 推荐材料：听觉干预仪 Dr. Hearing-2，《听觉功能评估标准及方法》。 **（2）教学方法** 出示 4 幅图片，其中 1 张图片代表目标词，其他 3 张为干扰项。3 张干扰项与目标词之间有 2 个条件是一致的，因此选择难度较大。 治疗师 / 听觉干预仪说目标词一次，学生迅速找出与目标词相对应的图片。 **（3）目标达成** 学生能迅速指出代表目标词的图片。
听觉	听觉训练的其他阶段的目标与内容、教学建议，参考“学龄预备班（幼小衔接班）”中的相应内容。		
呼吸、发声、共鸣、构音与语音训练的目标与内容、教学建议，参考“学龄预备班（幼小衔接班）”中的相应内容。			
书写	1. 汉语拼音	**（1）拼音字母** 能写拼音字母，做到笔顺、格式正确。 **（2）音节** 能正确地抄写音节、声调，了解声调的标法。	**（1）教学准备** 自备材料：国家语文教材 / 省级语文教材 / 校本教材。 **（2）教学方法** 精细动作比较差的学生，应从拼音字母描红开始。 在拼音格中抄写拼音字母、音节并标好声调。 默写 / 听写拼音字母、音节并标好声调。 **（3）目标达成** 学生能独立书写汉语拼音字母、音节，笔顺、格式正确。
书写	2. 汉字	能仿照田字格中的生字和笔顺分解书写生字，姿势端正，执笔方法正确。 在此基础上，进一步掌握汉字笔画名称和书写规则，正确地书写汉字。认识部分常用偏旁。 能默写学过的词语。	**（1）教学准备** 自备材料：国家语文教材 / 省级语文教材 / 校本教材。 **（2）教学方法** 精细动作比较差的学生，应从汉字描红开始。 在田字格中抄写汉字。 默写 / 听写汉字。 **（3）目标达成** 学生能独立书写汉字，姿势端正，执笔方法正确，笔顺正确。

续表

训练项目		目标与内容	教学建议
手语	手指语	能正确地打出汉语拼音字母指式。 能正确、清晰地打出音节指语，姿势正确。 能看懂学过的手指语。	**（1）教学准备** 自备材料：《中国手语》、国家语文教材。 **（2）教学方法** 模仿示范法。
日常用语	1. 指令听从	**简单指令听从** 能理解学校康复师为维持课堂秩序所发出的指令或家长在家中要求孩子完成或终止某项活动的指令，一般指需要两步动作才可以完成的动作指令。例：先投球，再拿积木；先举手，再起立。	**（1）教学准备** 自备材料：图片。 推荐材料：康复云课件。 **（2）教学方法** 可采用示范模仿法和判断纠正法进行训练。 **（3）目标达成** 对日常生活中父母或康复师发出的简单指令做出正确反应。例：先投球，再拿积木；先举手，再起立。
	2. 礼貌用语	**问候语** 能在不同场合不同时间恰当地使用礼貌用语。例：叔叔好！对不起！没关系！早上好！	**（1）教学准备** 自备材料：图片或实物。 推荐材料：康复云课件。 **（2）教学方法** 可采用示范模仿法和主题活动法进行训练。 **（3）目标达成** 能在不同场合不同时间恰当地使用礼貌用语。例：叔叔好！对不起！没关系！早上好！
	3. 简单对话	**问句** 能听（看）懂别人的简单问话。 能逐步用完整的语句回答简单的问题，如“这 / 那是什么？” 能用简单的问句主动发问。	**（1）教学准备** 自备材料：国家语文教材 / 省级语文教材 / 校本教材。 **（2）教学方法** 可采用示范模仿法和主题活动法进行训练。 **（3）目标达成** 能听（看）懂别人的简单问话。 能用完整的语句回答简单的问题，如“这 / 那是什么？” 能用简单的问句主动发问。

续表

训练项目		目标与内容	教学建议
词语或词组理解与表达能力训练	1. 名词（1）	**（1）常见人称名词** 能正确指认生活中常见的人。 能正确称呼生活中常见的人。 主要包括： 核心家庭成员：爸爸、妈妈、爷爷、奶奶、宝宝等； 家里长辈：叔叔、阿姨、外公、外婆等； 同辈成员：姐姐、妹妹、哥哥、弟弟等； 职业名称：工人、农民、解放军等。	**（1）教学准备** 自备材料：国家语文教材。 自编材料：词语图片或者家庭成员照片。 推荐材料：康复云课件、L4 早期语言干预仪。 **（2）教学方法** 通过感知体验、主题活动等方法帮助儿童理解并正确指认（指认的形式包括眼神、动作或口头）生活中常见的人。 通过示范模仿、集中练习、提示促进等方法帮助儿童正确称呼生活中常见的人。 **（3）目标达成** 当真实人物在儿童面前或在儿童面前放置 3 ~ 4 张人物图片，治疗师说出人物的名称时，儿童能够正确指认。如，当向儿童发出“找一找哪个是爸爸？”的指令时，儿童能够正确指认出“爸爸”的图片。 儿童能够正确称呼。如，老师指着妈妈或妈妈的照片，问儿童“这是谁呀？”儿童能够正确说出“妈妈”。
		（2）食物类（不包括水果、蔬菜）名词 能正确指认常吃的食物。 能正确命名常吃的食物。 主要包括： 常吃的主食：馒头、米饭、面条、饺子等； 常见的肉类：鱼肉、鸡肉、猪肉、牛肉等； 常见的谷物：稻子、麦子、玉米、高粱等。	**（1）教学准备** 自备材料：国家语文教材。 自编材料：实物、模型或词语图片。 推荐材料：康复云课件、L4 早期语言干预仪。 **（2）教学方法** 通过感知体验、主题活动等方法帮助儿童理解并正确指认（指认的形式包括眼神、动作或口头）生活中常吃的食物。 通过示范模仿、集中练习、提示促进等方法帮助儿童正确命名生活中常吃的食物。 **（3）目标达成** 当在儿童面前放置 3 ~ 4 张食物的图片，治疗师说出一张图片的名称时，儿童能够进行正确指认。如，当向儿童发出“找一找哪个是玉米？”的指令时，儿童能够正确指认出“玉米”的图片。 儿童能够正确命名食物。如，治疗师手里拿着一张玉米的图片，问儿童“这是什么呀？”儿童能够正确说出“玉米”。

续表

训练项目		目标与内容	教学建议
词语或词组理解与表达能力训练	1. 名词（1）	**（3）身体部位类名词** 能正确指认身体部位。 能正确命名身体部位。 主要包括： 人体器官：眼睛、鼻子、嘴巴、耳朵等； 四肢：手、胳膊、腿、脚等； 躯干：腹、背、胸等。	**（1）教学准备** 自备材料：国家语文教材。 自编材料：模型、词语图片。 推荐材料：康复云课件、L4 早期语言干预仪。 **（2）教学方法** 通过感知体验、主题活动等方法帮助儿童理解并正确指认（指认的形式包括眼神、动作或口头）身体部位。 通过示范模仿、集中练习、提示促进等方法帮助儿童正确命名身体部位。 **（3）目标达成** 当治疗师说出一个身体部位的名称时，儿童能够对自己、他人或所给图片的相应部位进行正确指认。如，在儿童面前放置 3～4 张身体部位的图片，当向儿童发出“指一指鼻子在哪里？”的指令时，儿童能够正确指认。 儿童能够正确命名身体部位。如，向儿童展示鼻子的图片，问儿童“这是什么呀？”儿童能够正确说出“鼻子”。
		（4）动物类名词（一） 能正确指认常见的动物。 能正确命名常见的动物。 主要包括： 常见的水生动物：鱼、虾、蟹等； 鸟类：老鹰、燕子、啄木鸟、猫头鹰、鸭、鹅等； 昆虫：蝴蝶、蜜蜂、苍蝇、蚊子、蟑螂等。 其他常见的动物：青蛙、老鼠、牛、羊等。	**（1）教学准备** 自备材料：国家语文教材。 自编材料：模型、标本或图片。 推荐材料：康复云课件、L4 早期语言干预仪。 **（2）教学方法** 通过感知体验、主题活动等方法帮助儿童理解并正确指认（指认的形式包括眼神、动作或口头）常见的动物。 通过示范模仿、集中练习、提示促进等方法帮助儿童正确命名常见的动物。 **（3）目标达成** 当治疗师说出一种动物的名称时，儿童能够从所给图片或标本模型中正确指认对应的动物。如，在儿童面前放置 3～4 张常见的动物的图片，当向儿童发出“指一指鸭在哪里？”的指令时，儿童能够正确指认。 儿童能够正确命名动物。如，当向儿童展示鸭的图片时，问儿童“这是什么呀？”儿童能够正确说出“鸭”。

续表

训练项目		目标与内容	教学建议
词语或词组理解与表达能力训练	1. 名词（1）	**（5）水果类名词（一）** 能正确指认常见的水果。 能正确命名常见的水果。 主要包括：入门篇的苹果、香蕉、橘子、西瓜等。	**（1）教学准备** 自备材料：国家语文教材。 自编材料：实物、模型或图片。 推荐材料：康复云课件、L4 早期语言干预仪。 **（2）教学方法** 通过感知体验、主题活动等方法帮助儿童理解并正确指认（指认的形式包括眼神、动作或口头）常见的水果。 通过示范模仿、集中练习、提示促进等方法帮助儿童正确命名常见的水果。 **（3）目标达成** 当治疗师说出一种水果的名称时，儿童能够从所给实物、图片或模型中正确指认对应的水果。如，在儿童面前放置 3～4 张常见的水果的图片，当向儿童发出“指一指苹果在哪里？”的指令时，儿童能够正确指认。 儿童能够正确命名水果。如，当向儿童展示苹果的图片时，问儿童“这是什么呀？”儿童能够正确说出“苹果”。
		（6）蔬菜类名词（一） 能正确指认常见的蔬菜。 能正确命名常见的蔬菜。 主要包括：入门篇的黄瓜、茄子、冬瓜、胡萝卜等。	**（1）教学准备** 自备材料：国家语文教材。 自编材料：实物、模型或图片。 推荐材料：康复云课件、L4 早期语言干预仪。 **（2）教学方法** 通过感知体验、主题活动等方法帮助儿童理解并正确指认（指认的形式包括眼神、动作或口头）常见的蔬菜。 通过示范模仿、集中练习、提示促进等方法帮助儿童正确命名常见的蔬菜。 **（3）目标达成** 当治疗师说出一种蔬菜的名称时，儿童能够从所给实物、图片或模型中正确指认对应的蔬菜。如，在儿童面前放置 3～4 张常见的蔬菜的图片，当向儿童发出“指一指黄瓜在哪里？”的指令时，儿童能够正确指认。 儿童能够正确命名蔬菜。如，当向儿童展示黄瓜的图片时，问儿童“这是什么呀？”儿童能够正确说出“黄瓜”。

续表

训练项目		目标与内容	教学建议
词语或词组理解与表达能力训练	1. 名词（1）	**（7）盥洗用品类名词** 能正确指认常见的盥洗用品。 能正确命名常见的盥洗用品。 主要包括： 入门篇的牙刷、毛巾、脸盆、肥皂等； 进阶篇的镜子、梳子、浴缸、马桶等。	**（1）教学准备** 自备材料：国家语文教材。 自编材料：实物、模型或图片。 推荐材料：康复云课件、L4 早期语言干预仪。 **（2）教学方法** 通过感知体验、主题活动等方法帮助儿童理解并正确指认（指认的形式包括眼神、动作或口头）常见的盥洗用品。 通过示范模仿、集中练习、语义联想等方法帮助儿童正确命名常见的盥洗用品。 **（3）目标达成** 当治疗师说出一种盥洗用品的名称时，儿童能够从所给实物、图片或模型中正确指认对应的盥洗用品。如，在儿童面前放置 3～4 张常见的盥洗用品的图片，当向儿童发出“指一指牙刷在哪里？”的指令时，儿童能够正确指认。 儿童能够正确命名盥洗用品。如，当向儿童展示牙刷的图片时，问儿童“这是什么呀？”儿童能够正确说出“牙刷”。
		（8）家具类名词（一） 能正确指认常见的家具。 能正确命名常见的家具。 主要包括：入门篇的桌子、椅子、沙发、床等。	**（1）教学准备** 自备材料：国家语文教材。 自编材料：实物、模型或图片。 推荐材料：康复云课件、L4 早期语言干预仪。 **（2）教学方法** 通过感知体验、主题活动等方法帮助儿童理解并正确指认（指认的形式包括眼神、动作或口头）常见的家具。 通过示范模仿、集中练习、语义联想等方法帮助儿童正确命名常见的家具。 **（3）目标达成** 当治疗师说出一种家具的名称时，儿童能够从所给实物、图片或模型中正确指认对应的家具。如，在儿童面前放置 3～4 张常见的家具的图片，当向儿童发出“指一指桌子在哪里？”的指令时，儿童能够正确指认。 儿童能够正确命名家具。如，当向儿童展示桌子的图片时，问儿童“这是什么呀？”儿童能够正确说出“桌子”。

续表

<table>
<tr><th colspan="2">训练项目</th><th>目标与内容</th><th>教学建议</th></tr>
<tr><td rowspan="2">词语或词组理解与表达能力训练</td><td rowspan="2">1. 名词（1）</td><td>（9）厨房用品类名词（一）
能正确指认常见的厨房用品。
能正确命名常见的厨房用品。
主要包括：入门篇的碗、筷子、杯子、勺子等。</td><td>（1）教学准备
自备材料：国家语文教材。
自编材料：实物、模型或图片。
推荐材料：康复云课件、L4 早期语言干预仪。
（2）教学方法
通过感知体验、主题活动等方法帮助儿童理解并正确指认（指认的形式包括眼神、动作或口头）常见的厨房用品。
通过示范模仿、集中练习、语义联想等方法帮助儿童正确命名常见的厨房用品。
（3）目标达成
当治疗师说出一种厨房用品的名称时，儿童能够从所给实物、图片中正确指认对应的厨房用品。如，在儿童面前放置 3 ~ 4 张常见的厨房用品的图片，当向儿童发出“指一指筷子在哪里?”的指令时，儿童能够正确指认。
儿童能够正确命名厨房用品。如，当向儿童展示筷子的图片时，问儿童“这是什么呀?”儿童能够正确说出“筷子”。</td></tr>
<tr><td>（10）学习、生活处所类名词（一）
能正确指认常见的学习、生活处所。
能正确命名常见的学习、生活处所。
主要包括：学校里的处所类名词如学校、教室、办公室等。</td><td>（1）教学准备
自备材料：国家语文教材。
自编材料：图片。
推荐材料：康复云课件、L4 早期语言干预仪。
（2）教学方法
通过感知体验、主题活动等方法帮助儿童理解并正确指认（指认的形式包括眼神、动作或口头）常见的学习、生活处所。
通过实地参观、集中练习、语义联想等方法帮助儿童正确命名常见的学习、生活处所。
（3）目标达成
当治疗师说出一种处所的名称时，儿童能够从所给图片中正确指认对应的处所或带领其指认相应的处所。如，在儿童面前放置 3 ~ 4 张常见的处所的图片，当向儿童发出“指一指教室在哪里?”的指令时，儿童能够正确指认。
儿童能够正确命名处所。如，当向儿童展示操场的图片时，问儿童“这是哪里?”儿童能够正确说出“操场”。</td></tr>
</table>

续表

训练项目		目标与内容	教学建议
词语或词组理解与表达能力训练	1. 名词（1）	**（11）学习用品类名词** 能正确指认常见的学习用品。 能正确命名常见的学习用品。 主要包括：常见的学习用品如书包、铅笔、橡皮等。	**（1）教学准备** 自备材料：国家语文教材。 自编材料：实物、模型或图片。 推荐材料：康复云课件、L4 早期语言干预仪。 **（2）教学方法** 通过感知体验、主题活动等方法帮助儿童理解并正确指认（指认的形式包括眼神、动作或口头）常见的学习用品。 通过实地参观、集中练习、语义联想等方法帮助儿童正确命名常见的学习用品。 **（3）目标达成** 当治疗师说出一种学习用品的名称时，儿童能够从所给实物或图片中正确指认对应的学习用品。如，在儿童面前放置 3～4 张常见的学习用品的图片，当向儿童发出“指一指文具盒在哪里？”的指令时，儿童能够正确指认。 儿童能够正确命名学习用品。如，当向儿童展示文具盒的图片时，问儿童“这是什么？”儿童能够正确说出“文具盒”。
		（12）生活用品类（不包括盥洗、厨房用品）名词（一） 能正确指认常见的生活用品。 能正确命名常见的生活用品。 主要包括： 常见的宿舍用品：被、褥子、蚊帐等； 常见的清扫卫生用品：笤帚、簸箕等。	**（1）教学准备** 自备材料：国家语文教材。 自编材料：实物、模型或图片。 推荐材料：康复云课件、L4 早期语言干预仪。 **（2）教学方法** 通过感知体验、主题活动等方法帮助儿童理解并正确指认（指认的形式包括眼神、动作或口头）常见的生活用品。 通过实地参观、集中练习、语义联想等方法帮助儿童正确命名常见的生活用品。 **（3）目标达成** 当治疗师说出一种生活用品的名称时，儿童能够从所给图片中正确指认对应的生活用品。如，在儿童面前放置 3～4 张常见的生活用品的图片，当向儿童发出“指一指床单在哪里？”的指令时，儿童能够正确指认。 儿童能够正确命名生活用品。如，当向儿童展示蚊帐的实物或图片时，问儿童“这是什么？”儿童能够正确说出“蚊帐”。

续表

训练项目		目标与内容	教学建议
词语或词组理解与表达能力训练	1. 名词（1）	**（13）游乐器械类名词** 能正确指认常见的游乐器械。 能正确命名常见的游乐器械。 主要包括：常见的游乐器械如秋千、滑梯等。	**（1）教学准备** 自备材料：国家语文教材。 自编材料：实物、模型或图片。 推荐材料：康复云课件、L4 早期语言干预仪。 **（2）教学方法** 通过感知体验、主题活动等方法帮助儿童理解并正确指认（指认的形式包括眼神、动作或口头）常见的游乐器械。 通过实地参观、集中练习、语义联想等方法帮助儿童正确命名常见的游乐器械。 **（3）目标达成** 当治疗师说出一种游乐器械的名称时，儿童能够从所给图片中正确指认对应的或带领其指认相应的游乐器械。如，在儿童面前放置 3～4 张常见的游乐器械的图片，当向儿童发出“指一指滑梯在哪里？”的指令时，儿童能够正确指认。 儿童能够正确命名游乐器械。如，当向儿童展示秋千的图片时，问儿童“这是什么？”儿童能够正确说出“秋千”。
		（14）自然界常见事物类名词 能正确指认自然界常见事物。 能正确命名自然界常见事物。 主要包括：常见的自然事物如太阳、月亮、星星、风、云、雨、雪等。	**（1）教学准备** 自备材料：国家语文教材。 自编材料：实物、模型或图片。 推荐材料：康复云课件、L4 早期语言干预仪。 **（2）教学方法** 通过感知体验、主题活动等方法帮助儿童理解并正确指认（指认的形式包括眼神、动作或口头）自然界常见事物。 通过实地参观、集中练习、语义联想等方法帮助儿童正确命名自然界常见事物。 **（3）目标达成** 当治疗师说出一种自然界常见事物的名称时，儿童能够从所给图片中正确指认对应的或带领其指认相应的自然界常见事物。如，在儿童面前放置 3～4 张自然界常见事物的图片，当向儿童发出“指一指太阳在哪里？”的指令时，儿童能够正确指认。 儿童能够正确命名自然界常见事物。如，当向儿童展示太阳的图片时，问儿童“这是什么？”儿童能够正确说出“太阳”。

续表

训练项目		目标与内容	教学建议
词语或词组理解与表达能力训练	1. 名词（1）	**（15）表示时间的名词** 能正确指认表示时间的名词。 能正确命名表示时间的名词。 主要包括：常用的表示时间的名词如今天、昨天、明天、星期一等。	**（1）教学准备** 自备材料：国家语文教材。 自编材料：实物、模型或图片。 推荐材料：康复云课件、L4 早期语言干预仪。 **（2）教学方法** 通过感知体验、主题活动等方法帮助儿童理解并正确指认（指认的形式包括眼神、动作或口头）时间。 通过实地参观、集中练习、语义联想等方法帮助儿童正确命名时间。 **（3）目标达成** 当治疗师说出一个时间时，儿童能够联系实际从所给图片中正确指认对应的时间发生的事情。如，在儿童面前放置 3～4 张最近几天发生的事情的图片，当向儿童发出“指一指哪件事是昨天发生的？”的指令时，儿童能够正确指认。 儿童能够正确命名时间。如，当向儿童展示今天发生的事情的图片时，问儿童“这是什么时间发生的？”儿童能够正确说出“今天”。
	2. 代词	**常用的人称代词** 能正确理解常用的人称代词。 能正确使用常用的人称代词。 主要包括： 第一人称代词：我、我们等； 第二人称代词：你、你们等； 第三人称代词：他、他们等。	**（1）教学准备** 自备材料：国家语文教材。 自编材料：图片、饰品（如头饰卡）。 **（2）教学方法** 通过角色扮演等方法帮助儿童感受、理解并区分不同的人称代词。 通过角色扮演等方法帮助儿童使用不同的人称代词进行表达。 **（3）目标达成** 角色扮演的游戏要至少三个人参与，游戏中对儿童发出“指一指他”的指令，观察儿童能否正确指认第三个人。 儿童能够使用不同的人称代词进行表达。如，在精心设定的场景下，向儿童发出“他是谁？”的指令时，儿童能够正确说出“他是 ××”。

续表

训练项目		目标与内容	教学建议
词语或词组理解与表达能力训练	3. 形容词（1）	**常用的形容词** 能正确指认常用的形容词。 能正确命名常用的形容词。 主要包括： 外形特征类：大、小、胖、瘦、高、低、红、绿、黑、白等； 性质评价类：好、坏、错、对、一样、年轻等。	**（1）教学准备** 自备材料：国家语文教材。 自编材料：实物、模型或图片。 推荐材料：康复云课件、L4 早期语言干预仪。 **（2）教学方法** 通过感知体验、主题活动等方法帮助儿童理解并正确指认（指认的形式包括眼神、动作或口头）常用的形容词。 通过实地参观、集中练习、语义联想等方法帮助儿童正确命名常用的形容词。 **（3）目标达成** 当治疗师说出一个形容词时，儿童能够从所给实物或图片中正确指认对应的事物。如，在儿童面前放置 3～4 张常见事物的图片，当向儿童发出“指一指哪个是大的？”的指令时，儿童能够正确指认。 儿童能够正确命名形容词。如，当向儿童展示几个胖瘦不同的人物或相关图片时，问儿童“比一比姐姐怎么样？”儿童能够正确说出“姐姐胖”。
	4. 动词或动词词组（1）	**常用的动词或动宾词组** 能正确指认常用的动词。 能正确命名常用的动词。 主要包括： 常用的动词：坐、走、来、哭等； 常用的学习类动宾词组：读书、学说话等； 常用的洗漱类动宾词组：刷牙、漱口等； 常用的个人卫生类动宾词组：剪指甲、换衣服、理发等； 常用的清扫卫生类动宾词组：扫地、拖地板； 常用的体育活动类动宾词组：拍皮球、踢毽子等； 常用的农业劳动类动宾词组：割稻子、拾麦穗等； 常用的游乐类动宾词组：荡秋千、滑滑梯等。	**（1）教学准备** 自备材料：国家语文教材。 自编材料：实物、模型或图片。 推荐材料：康复云课件、L4 早期语言干预仪。 **（2）教学方法** 通过感知体验、主题活动等方法帮助儿童理解并正确指认（指认的形式包括眼神、动作或口头）常用的动词或动宾词组。 通过实地参观、集中练习、语义联想等方法帮助儿童正确命名常用的动词或动宾词组。 **（3）目标达成** 当治疗师说出一个动词或动宾词组时，儿童能够从所给图片中正确指认对应的或做出相应的动作。如，在儿童面前放置 3～4 张常见动作的图片，当向儿童发出“指一指哪张图表示在读书？”的指令时，儿童能够正确指认。 儿童能够正确命名动作。如，当向儿童展示理发的图片时，问儿童“她在做什么？”儿童能够正确说出“理发”。

续表

训练项目		目标与内容	教学建议
词语或词组理解与表达能力训练	5. 数量词组（1）	**常用的数量词组** 能正确指认常用的数量词组。 能正确命名常用的数量词组。 主要包括：常用的数量词组，如一支铅笔、一个书包等。	**（1）教学准备** 自备材料：国家语文教材。 自编材料：实物、模型或图片。 推荐材料：康复云课件、L4 早期语言干预仪。 **（2）教学方法** 通过感知体验、主题活动等方法帮助儿童理解并正确指认（指认的形式包括眼神、动作或口头）常用的数量词组。 通过实地参观、集中练习、语义联想等方法帮助儿童正确命名常用的数量词组。 **（3）目标达成** 当治疗师说出一个数量词组时，儿童能够从所给图片中正确指认对应的事物或拿出相应的实物。如，在儿童面前放置 3～4 张常用的数量词组的图片，当向儿童发出“指一指一支铅笔在哪里?”的指令时，儿童能够正确指认。 儿童能够正确命名数量词组。如，当向儿童展示一个书包的图片时，问儿童“这是什么？有多少?”儿童能够正确说出“这是一个书包”。

续表

训练项目		目标与内容	教学建议
句子理解与表达能力训练	陈述句（1）	**（1）无修饰句** 能理解成分单一、句长较短、使用陈述语气且仅用基本的主谓宾结构来叙述或说明事实的句子，如“这是书”。 能模仿或使用无修饰句。 例：弟弟哭了。	**（1）教学准备** 自备材料：国家语文教材、图片或实物。 推荐材料：康复云课件。 **（2）教学方法** 可采用表演再现法和对比选择法进行理解训练。 可采用句式仿说法和连词成句法进行表达训练。 **（3）目标达成** 理解：能够正确指认或者选出目标图片，能正确演示句意。例：这是书。 表达： ① 在课堂和日常环境中能完整复述康复师 / 家长表述的无修饰句。 ② 在课堂和日常环境中能仿说或仿写同一句法结构的无修饰句。 ③ 在课堂和日常环境中能自主表达无修饰句。
		（2）含有一个修饰成分的简单修饰句（一） 能理解成分简单，修饰成分只有一个定语、状语或者补语，用来叙述或说明事实，使用陈述语气的句子，如“我要红色的汽车”。 能模仿或使用含有一个修饰成分的简单修饰句。 例 1：妹妹在儿童乐园里滑滑梯。 例 2：星期日，爷爷去百货商店买手电筒。	**（1）教学准备** 自备材料：国家语文教材、图片或实物。 推荐材料：康复云课件。 **（2）教学方法** 可采用集中训练法和对比选择法进行理解训练。 可采用句式仿说法和句子扩展法进行表达训练。 **（3）目标达成** 理解：能够正确指认或者选出目标图片，能正确演示句意。例：我要红色的汽车。 表达： ① 在课堂和日常环境中能完整复述康复师 / 家长表述的含有一个修饰成分的简单修饰句。 ② 在课堂和日常环境中能仿说或仿写同一句法结构的含有一个修饰成分的简单修饰句。 ③ 在课堂和日常环境中能自主表达含有一个修饰成分的简单修饰句。

（三）二年级

训练项目		目标与内容	教学建议
听觉		听觉训练各阶段的目标与内容、教学建议，参考“学龄预备班（幼小衔接班）”和“一年级”中的相应内容。	
书写	1. 汉语拼音	**（1）音节** 能正确、工整地抄写音节。 **（2）注音** 能正确地给汉字注音，掌握声调的标法。	**（1）教学准备** 自备材料：国家语文教材 / 省级语文教材 / 校本教材。 **（2）教学方法** 精细动作比较差的学生，应从拼音字母描红开始。 在拼音格中抄写拼音字母、音节并标好声调。 默写 / 听写拼音字母、音节并标好声调。 **（3）目标达成** 学生能独立书写汉语拼音字母、音节，笔顺、格式正确。
	2. 汉字	认识汉字的笔画名称。 认识常见的偏旁。 区别形近字。 能仿照田字格中的生字和笔顺分解书写生字，姿势端正，执笔方法正确，字迹工整。	**（1）教学准备** 自备材料：国家语文教材 / 省级语文教材 / 校本教材。 **（2）教学方法** 精细动作比较差的学生，应从汉字描红开始。 在田字格中抄写汉字。 默写 / 听写汉字。 **（3）目标达成** 学生能独立书写汉字，姿势端正，执笔方法正确，笔顺正确。
手语	1. 手指语	能正确、清晰、熟练地打出指语。 能看懂学过的手指语。	**（1）教学准备** 自备材料：《中国手语》、国家语文教材。 **（2）教学方法** 模仿示范法。
	2. 手势语	能在家庭、学校的日常生活中借助手势语表达常用语句，能有礼貌地用手势语与他人进行沟通。	**（1）教学准备** 自备材料：《中国手语》。 **（2）教学方法** 模仿示范法。

续表

训练项目		目标与内容	教学建议
词语或词组理解与表达能力训练	1. 名词（2）	**（1）水果类名词（二）** 能正确理解常见的水果。 能正确命名常见的水果。 主要包括： 进阶篇：葡萄、草莓、桃子、梨等； 深入篇：哈密瓜、菠萝、猕猴桃、甘蔗等。	**（1）教学准备** 自备材料：国家语文教材。 自编材料：实物、模型或图片。 推荐材料：康复云课件、L4 早期语言干预仪。 **（2）教学方法** 通过感知体验、主题活动等方法帮助儿童理解并正确指认（指认的形式包括眼神、动作或口头）常见的水果。 通过示范模仿、集中练习、提示促进等方法帮助儿童正确命名常见的水果。 **（3）目标达成** 当治疗师说出一种水果的名称时，儿童能够从所给实物、图片或模型中正确指认对应的水果。如，在儿童面前放置 3～4 张常见的水果的图片，当向儿童发出“指一指葡萄在哪里？”的指令时，儿童能够正确指认。 儿童能够正确命名水果。如，当向儿童展示葡萄的图片时，问儿童“这是什么呀？”儿童能够正确说出“葡萄”。
		（2）蔬菜类名词（二） 能正确理解常见的蔬菜。 能正确命名常见的蔬菜。 主要包括：进阶篇的南瓜、土豆、西红柿、青菜等。	**（1）教学准备** 自备材料：国家语文教材。 自编材料：实物、模型或图片。 推荐材料：康复云课件、L4 早期语言干预仪。 **（2）教学方法** 通过感知体验、主题活动等方法帮助儿童理解并正确指认（指认的形式包括眼神、动作或口头）常见的蔬菜。 通过示范模仿、集中练习、提示促进等方法帮助儿童正确命名常见的蔬菜。 **（3）目标达成** 当治疗师说出一种蔬菜的名称时，儿童能够从所给实物、图片或模型中正确指认对应的蔬菜。如，在儿童面前放置 3～4 张常见的蔬菜的图片，当向儿童发出“指一指南瓜在哪里？”的指令时，儿童能够正确指认。 儿童能够正确命名蔬菜。如，当向儿童展示南瓜的图片时，问儿童“这是什么呀？”儿童能够正确说出“南瓜”。

续表

训练项目		目标与内容	教学建议
词语或词组理解与表达能力训练	1. 名词（2）	**（3）动物类名词（二）** 能正确理解常见的动物。 能正确命名常见的动物。 主要包括：常见的动物如猴子、熊猫等。	**（1）教学准备** 自备材料：国家语文教材。 自编材料：模型、标本或图片。 推荐材料：康复云课件、L4 早期语言干预仪。 **（2）教学方法** 通过感知体验、主题活动等方法帮助儿童理解并正确指认（指认的形式包括眼神、动作或口头）常见的动物。 通过示范模仿、集中练习、提示促进等方法帮助儿童正确命名常见的动物。 **（3）目标达成** 当治疗师说出一种动物的名称时，儿童能够从所给图片或标本、模型中正确指认对应的动物。如，在儿童面前放置 3～4 张常见的动物的图片，当向儿童发出“指一指猴子在哪里?”的指令时，儿童能够正确指认。 儿童能够正确命名动物。如，当向儿童展示猴子的图片时，问儿童“这是什么呀?”儿童能够正确说出“猴子”。
		（4）家具类名词（二） 能正确理解常见的家具。 能正确命名常见的家具。 主要包括：进阶篇的茶几、圆桌、电视柜等。	**（1）教学准备** 自备材料：国家语文教材。 自编材料：实物、模型或图片。 推荐材料：康复云课件、L4 早期语言干预仪。 **（2）教学方法** 通过感知体验、主题活动等方法帮助儿童理解并正确指认（指认的形式包括眼神、动作或口头）常见的家具。 通过示范模仿、集中练习、语义联想等方法帮助儿童正确命名常见的家具。 **（3）目标达成** 当治疗师说出一种家具的名称时，儿童能够从所给实物、图片或模型中正确指认对应的家具。如，在儿童面前放置 3～4 张常见的家具的图片，当向儿童发出“指一指茶几在哪里?”的指令时，儿童能够正确指认。 儿童能够正确命名家具。如，当向儿童展示茶几的图片时，问儿童“这是什么呀?”儿童能够正确说出“茶几”。

续表

<table>
<tr><th colspan="2">训练项目</th><th>目标与内容</th><th>教学建议</th></tr>
<tr><td rowspan="2">词语或词组理解与表达能力训练</td><td rowspan="2">1. 名词（2）</td><td>（5）家电类名词
能正确理解常用的家电。
能正确命名常用的家电。
主要包括：
入门篇的电视机、电冰箱、空调、电风扇等；
进阶篇的电磁炉、电饭煲、洗衣机、微波炉等。</td><td>（1）教学准备
自备材料：国家语文教材。
自编材料：实物、模型或图片。
推荐材料：康复云课件、L4 早期语言干预仪。
（2）教学方法
通过感知体验、主题活动等方法帮助儿童理解并正确指认（指认的形式包括眼神、动作或口头）常见的家电。
通过示范模仿、集中练习、语义联想等方法帮助儿童正确命名常见的家电。
（3）目标达成
当治疗师说出一种家电的名称时，儿童能够从所给实物、图片中正确指认对应的家电。如，在儿童面前放置 3～4 张常见的家电的图片，当向儿童发出“指一指电视机在哪里？”的指令时，儿童能够正确指认。
儿童能够正确命名家电。如，当向儿童展示电视机的图片时，问儿童“这是什么呀？”儿童能够正确说出“电视机”。</td></tr>
<tr><td>（6）厨房用品类名词（二）
能正确理解常见的厨房用品。
能正确命名常见的厨房用品。
主要包括：进阶篇的刀、盘子、煤气灶等。</td><td>（1）教学准备
自备材料：国家语文教材。
自编材料：实物、模型或图片。
推荐材料：康复云课件、L4 早期语言干预仪。
（2）教学方法
通过感知体验、主题活动等方法帮助儿童理解并正确指认（指认的形式包括眼神、动作或口头）常见的厨房用品。
通过示范模仿、集中练习、语义联想等方法帮助儿童正确命名常见的厨房用品。
（3）目标达成
当治疗师说出一种厨房用品的名称时，儿童能够从所给实物、图片中正确指认对应的厨房用品。如，在儿童面前放置 3～4 张常见的厨房用品的图片，当向儿童发出“指一指盘子在哪里？”的指令时，儿童能够正确指认。
儿童能够正确命名厨房用品。如，当向儿童展示盘子的图片时，问儿童“这是什么呀？”儿童能够正确说出“盘子”。</td></tr>
</table>

续表

训练项目		目标与内容	教学建议
词语或词组理解与表达能力训练	1. 名词（2）	**（7）交通工具与设施类名词** 能正确理解常见的交通工具与设施。 能正确命名常见的交通工具与设施。 主要包括： 交通工具入门篇的火车、飞机、汽车、轮船等； 交通工具进阶篇的公交车、自行车、摩托车、出租车等； 交通设施类：过街桥、红绿灯等。	**（1）教学准备** 自备材料：国家语文教材。 自编材料：实物、模型或图片。 推荐材料：康复云课件、L4 早期语言干预仪。 **（2）教学方法** 通过感知体验、主题活动等方法帮助儿童理解并正确指认（指认的形式包括眼神、动作或口头）常见的交通工具与设施。 通过示范模仿、集中练习、语义联想等方法帮助儿童正确命名常见的交通工具与设施。 **（3）目标达成** 当治疗师说出一种交通工具或设施的名称时，儿童能够从所给实物、图片中正确指认对应的交通工具或设施。如，在儿童面前放置 3～4 张常见的交通工具或设施的图片，当向儿童发出“指一指汽车在哪里？”的指令时，儿童能够正确指认。 儿童能够正确命名交通工具与设施。如，当向儿童展示汽车的图片时，问儿童“这是什么呀？”儿童能够正确说出“汽车”。
		（8）常见的衣物类名词 能正确理解常见的衣物。 能正确命名常见的衣物。 主要包括： 入门篇的外套、裙子、裤子、鞋子等； 进阶篇的帽子、围巾、手套等。	**（1）教学准备** 自备材料：国家语文教材。 自编材料：实物或图片。 推荐材料：康复云课件、L4 早期语言干预仪。 **（2）教学方法** 通过感知体验法、主题活动等方法帮助儿童理解并正确指认（指认的形式包括眼神、动作或口头）常见的衣物。 通过示范模仿、集中练习、语义联想等方法帮助儿童正确命名常见的衣物。 **（3）目标达成** 当治疗师说出一种衣物的名称时，儿童能够从所给实物、图片中正确指认对应的衣物。如，在儿童面前放置 3～4 张常见的衣物的图片，当向儿童发出“指一指裙子在哪里？”的指令时，儿童能够正确指认。 儿童能够正确命名衣物。如，当向儿童展示裙子的图片时，问儿童“这是什么呀？”儿童能够正确说出“裙子”。

续表

训练项目		目标与内容	教学建议
词语或词组理解与表达能力训练	1. 名词（2）	**（9）常用的方位名词** 能正确理解常用的方位名词。 能正确使用方位名词进行表达。 主要包括： 上下类：上方、上面、上边、上头、下方、下面、下边、下头等； 里外类：里面、里边、里头、外面、外边、外头等； 前后类：前方、前面、前边、前头、后方、后面、后边、后头等； 中旁类：中间、旁边等； 左右类：左边、左面、右边、右面等。	**（1）教学准备** 自备材料：国家语文教材。 自编材料：物品和图片。 **（2）教学方法** 通过感知体验、主题活动等方法帮助儿童感受、理解并辨别不同的方位。 通过示范模仿、主题活动等方法帮助儿童进行方位名词的表达训练。 **（3）目标达成** 儿童能够从所给实物、图片中正确指认对应的方位。如，将 3 ~ 4 张呈现不同方位的图片放置在儿童面前，当发出“球在桌子下面”的指令时，儿童能够正确指出“球在桌子下面”的图片。 儿童能够正确表达出一个物品在环境中或图片上所处的方位。如，将一个球放在桌子上，问儿童“球在哪里？”儿童能够正确说出“球在桌子上”。
		（10）常用的时间名词 能正确理解常用的时间名词。 能正确使用时间名词进行表达。 主要包括： 次序时间词：后来、最后等； 非定位时间词：现在、刚才、从前等； 定位时间词：晚上、早上、下午、中午等。	**（1）教学准备** 自备材料：国家语文教材。 自编材料：实物、模型（如月亮、太阳）或图片。 **（2）教学方法** 通过感知体验、主题活动等方法帮助儿童感受、理解并区分不同的时间。 通过感知体验、主题活动、示范模仿等方法帮助儿童进行时间词的表达训练。 **（3）目标达成** 儿童能够从所给图片、场景、事件中正确理解对应的时间。如，将 3 ~ 4 张呈现不同时间段的事件的图片放置在儿童面前，当发出“早上洗脸”的指令时，儿童能够正确指出“早上洗脸”的图片。 儿童能够从所给图片、场景、事件中正确表达对应的时间。如，问儿童“你什么时候会刷牙？”儿童能够正确说出“早上 / 晚上（我会刷牙）”。

续表

训练项目		目标与内容	教学建议
词语或词组理解与表达能力训练	1. 名词（2）	**（11）生活用品类（不包括家电、厨房用品）名词（二）** 能正确理解常见的生活用品。 能正确命名常见的生活用品。 主要包括：常见的生活用品，如电池、锁、钥匙等。	**（1）教学准备** 自备材料：国家语文教材。 自编材料：实物、模型或图片。 推荐材料：康复云课件、L4 早期语言干预仪。 **（2）教学方法** 通过感知体验、主题活动等方法帮助儿童理解并正确指认（指认的形式包括眼神、动作或口头）常见的生活用品。 通过实地参观、集中练习、语义联想等方法帮助儿童正确命名常见的生活用品。 **（3）目标达成** 当治疗师说出一种生活用品的名称时，儿童能够从所给图片中正确指认对应的生活用品。如，在儿童面前放置 3～4 张常见的生活用品的图片，当向儿童发出“指一指钥匙在哪里?”的指令时，儿童能够正确指认。 儿童能够正确命名生活用品。如，当向儿童展示钥匙的实物或图片时，问儿童“这是什么?”儿童能够正确说出“钥匙”。
		（12）花木类名词 能正确理解常见的花木。 能正确命名常见的花木。 主要包括： 常见的花：牡丹花、月季花等； 常见的树木：柏树、松树等。	**（1）教学准备** 自备材料：国家语文教材。 自编材料：实物、模型或图片。 推荐材料：康复云课件、L4 早期语言干预仪。 **（2）教学方法** 通过感知体验、主题活动等方法帮助儿童理解并正确指认（指认的形式包括眼神、动作或口头）常见的花木。 通过实地参观、集中练习、语义联想等方法帮助儿童正确命名常见的花木。 **（3）目标达成** 当治疗师说出一种花木的名称时，儿童能够从所给实物或图片中正确指认对应的花木。如，在儿童面前放置 3～4 张常见的花木的图片，当向儿童发出“指一指牡丹花在哪里?”的指令时，儿童能够正确指认。 儿童能够正确命名花木。如，当向儿童展示牡丹花的实物或图片时，问儿童“这是什么?”儿童能够正确说出“牡丹花”。

续表

训练项目		目标与内容	教学建议
词语或词组理解与表达能力训练	1. 名词（2）	**（13）武器类名词** 能正确理解常见的武器。 能正确命名常见的武器。 主要包括：常见的武器，如枪、大炮等。	**（1）教学准备** 自备材料：国家语文教材。 自编材料：实物、模型或图片。 推荐材料：康复云课件、L4 早期语言干预仪。 **（2）教学方法** 通过感知体验、主题活动等方法帮助儿童理解并正确指认（指认的形式包括眼神、动作或口头）常见的武器。 通过实地参观、集中练习、语义联想等方法帮助儿童正确命名常见的武器。 **（3）目标达成** 当治疗师说出一种武器的名称时，儿童能够从所给实物或图片中正确指认对应的武器。如，在儿童面前放置 3 ~ 4 张常见的武器的图片，当向儿童发出“指一指枪在哪里？”的指令时，儿童能够正确指认。 儿童能够正确命名武器。如，当向儿童展示枪的实物或图片时，问儿童“这是什么？”儿童能够正确说出“枪”。
		（14）地域类名词 能正确理解常见的地域。 能正确命名常见的地域。 主要包括：常见的地域，如北京、上海等。	**（1）教学准备** 自备材料：国家语文教材。 自编材料：实物、模型或图片。 推荐材料：康复云课件、L4 早期语言干预仪。 **（2）教学方法** 通过感知体验、主题活动等方法帮助儿童理解并正确指认（指认的形式包括眼神、动作或口头）常见的地域。 通过实地参观、集中练习、语义联想等方法帮助儿童正确命名常见的地域。 **（3）目标达成** 当治疗师说出一个地域的名称时，儿童能够从所给图片中正确指认对应的地域。如，在儿童面前放置 3 ~ 4 张常见的地域的图片，当向儿童发出“指一指北京在哪里？”的指令时，儿童能够正确指认。 儿童能够正确命名地域。如，当向儿童展示北京的图片时，问儿童“这是什么地方？”儿童能够正确说出“北京”。

续表

训练项目		目标与内容	教学建议
词语或词组理解与表达能力训练	1. 名词（2）	**（15）建筑物类名词** 能正确理解常见的建筑物。 能正确命名常见的建筑物。 主要包括：常见的建筑物，如故宫、天坛等。	**（1）教学准备** 自备材料：国家语文教材。 自编材料：实物、模型或图片。 推荐材料：康复云课件、L4 早期语言干预仪。 **（2）教学方法** 通过感知体验、主题活动等方法帮助儿童理解并正确指认（指认的形式包括眼神、动作或口头）常见的建筑物。 通过实地参观、集中练习、语义联想等方法帮助儿童正确命名常见的建筑物。 **（3）目标达成** 当治疗师说出一种建筑物的名称时，儿童能够从所给图片中正确指认对应的建筑物。如，在儿童面前放置 3 ~ 4 张常见的建筑物的图片，当向儿童发出“指一指故宫在哪里？”的指令时，儿童能够正确指认。 儿童能够正确命名建筑物。如，当向儿童展示故宫的图片时，问儿童“这是哪里？”儿童能够正确说出“故宫”。
		（16）学习、生活处所类名词（二） 能正确理解常见的学习、生活处所。 能正确命名常见的学习、生活处所。 主要包括：常见的生活处所，如百货商店、服装店等。	**（1）教学准备** 自备材料：国家语文教材。 自编材料：实物、模型或图片。 推荐材料：康复云课件、L4 早期语言干预仪。 **（2）教学方法** 通过感知体验、主题活动等方法帮助儿童理解并正确指认（指认的形式包括眼神、动作或口头）常见的学习、生活处所。 通过实地参观、集中练习、语义联想等方法帮助儿童正确命名常见的学习、生活处所。 **（3）目标达成** 当治疗师说出一种处所的名称时，儿童能够从所给图片中正确指认对应的处所。如，在儿童面前放置 3 ~ 4 张常见的处所的图片，当向儿童发出“指一指百货商店在哪里？”的指令时，儿童能够正确指认。 儿童能够正确命名处所。如，当向儿童展示百货商店的图片时，问儿童“这是哪里？”儿童能够正确说出“百货商店”。

续表

训练项目		目标与内容	教学建议
词语或词组理解与表达能力训练	2. 动词或动词词组（2）	**动作动词或动词词组** 能正确根据指令做（找）出简单动作。 能正确命名简单动作。 主要包括： 动词：跑、爬、跳等； 名词＋动词：小狗跑、小兔跳、乌龟爬等； 动词＋名词：浇水、挖路、抱宝宝、拿苹果、打伞、打乒乓球、弹钢琴、唱歌； 时间词＋动词：早上喝、中午吃等； 动词＋代词：给你、打他、骂我等。	**（1）教学准备** 自备材料：国家语文教材。 自编材料：图片（动态）。 **（2）教学方法** 通过感知体验、示范模仿等方法帮助儿童感受、理解并区分不同的动作。 **（3）目标达成** 儿童能够从所给图片中正确指认对应的动作。如，在儿童面前放置3～4张呈现不同动作的图片，当向儿童发出“打伞”的指令时，儿童能够正确指认。 儿童能够正确命名动作。如，当做出打伞的动作或向儿童展示打伞的图片时，问儿童“姐姐在做什么？”儿童能够正确说出“打伞”。
	3. 形容词（2）	**常用的形容词** 能正确理解常用的形容词。 能正确使用常用的形容词。 主要包括： 机体感觉类：饿、疼、累、酸、甜、苦、辣等； 行为特征类：听话、调皮、淘气、乖等； 事件情景类：好玩、危险等； 情绪情感类：高兴、快乐、开心、舒服等； 事物对比类：冷热、高矮等。	**（1）教学准备** 自备材料：国家语文教材。 自编材料：实物、模型或图片。 **（2）教学方法** 通过感知体验、语义联想等方法帮助儿童感受、理解并区分不同的形容词。 **（3）目标达成** 儿童能够从所给图片中正确指认不同的形容词所对应的事物。如，在儿童面前放置3～4张呈现不同外形特征的图片，当向儿童发出“小的”的指令时，儿童能够正确指认。 儿童能够正确描述实物或图片所表现的特征、类型等。如，当把两个大小不一的球放在儿童面前，指着大的球说“大的”，然后指向另一个问儿童“这个呢？”儿童能够正确说出“小的”。

续表

训练项目		目标与内容	教学建议
词语或词组理解与表达能力训练	4. 数量词组（2）	**常用的数量词组** 能正确指认常用的数量词组。 能正确命名常用的数量词组。 主要包括：常用的数量词组如一盒蛋糕、两瓶汽水等。	**（1）教学准备** 自备材料：国家语文教材。 自编材料：实物、模型或图片。 推荐材料：康复云课件、L4 早期语言干预仪。 **（2）教学方法** 通过感知体验、主题活动等方法帮助儿童理解并正确指认（指认的形式包括眼神、动作或口头）常用的数量词组。 通过实地参观、集中练习、语义联想等方法帮助儿童正确命名常用的数量词组。 **（3）目标达成** 当治疗师说出一个数量词组时，儿童能够从所给图片中正确指认对应的事物或拿出相应的实物。如，在儿童面前放置 3 ~ 4 张常用的数量词组的图片，当向儿童发出“指一指一盒蛋糕在哪里？”的指令时，儿童能够正确指认。 儿童能够正确命名数量词组。如，当向儿童展示一盒蛋糕的图片时，问儿童“这是什么？有多少？”儿童能够正确说出“这是一盒蛋糕”。
句子理解与表达能力训练	1. 陈述句（2）	**（1）含有一个修饰成分的简单修饰句（二）** 能理解成分简单，修饰成分只有一个定语、状语或者补语，用来叙述或说明事实，使用陈述语气的句子，如“我要红色的汽车”。 能模仿或使用含有一个修饰成分的简单修饰句。 例 1：刘丹举着一束花。 例 2：地里的西瓜又大又圆。	**（1）教学准备** 自备材料：国家语文教材、图片或实物。 推荐材料：康复云课件。 **（2）教学方法** 可采用集中训练法和对比选择法进行理解训练。 可采用句式仿说法和句子扩展法进行表达训练。 **（3）目标达成** 理解：能够正确指认或者选出目标图片，能正确演示句意。例：我要红色的汽车。 表达： ① 在课堂和日常环境中能完整复述康复师 / 家长表述的含有一个修饰成分的简单修饰句。 ② 在课堂和日常环境中能仿说或仿写同一句法结构的含有一个修饰成分的简单修饰句。 ③ 在课堂和日常环境中能自主表达含有一个修饰成分的简单修饰句

续表

训练项目		目标与内容	教学建议
句子理解与表达能力训练	1. 陈述句（2）	**（2）含有两个修饰成分的简单修饰句** 能理解含有两个修饰成分的简单修饰句。 能理解结构简单，含有两个修饰成分，用陈述语气来叙述或说明事实的句子。修饰成分可以是定语 + 定语、定语 + 状语、定语 + 补语、状语 + 状语、状语 + 补语。 能模仿或使用含有两个修饰成分的简单修饰句。 例 1：黑色的小汽车跑得可快了。 例 2：早上，小明开心地去上学。 例 3：姐姐到食品商店买了一盒蛋糕。	**（1）教学准备** 自备材料：国家语文教材、图片或实物。 推荐材料：康复云课件。 **（2）教学方法** 可采用集中训练法和对比选择法进行理解训练。 可采用句式仿说法和句子扩展法进行表达训练。 **（3）目标达成** 理解：能够正确指认或者选出目标图片，能正确演示句意。例：黑色的小汽车跑得可快了。 表达： ① 在课堂和日常环境中能完整复述康复师 / 家长表述的含有两个修饰成分的简单修饰句。 ② 在课堂和日常环境中能仿说或仿写同一句法结构的含有两个修饰成分的简单修饰句。 ③ 在课堂和日常环境中能自主表达含有两个修饰成分的简单修饰句。
		（3）非可逆句 能理解非可逆句。 能理解句法结构不变，但动词前后的名词或名词结构不能互换，否则语义不合语言表达逻辑的句子，包括把字句、被字句等句式。 能模仿或使用非可逆句。 把字句例：我把碗打翻了。 被字句例：故事书被我撕坏了。	**（1）教学准备** 自备材料：国家语文教材、图片或实物。 推荐材料：康复云课件。 **（2）教学方法** 可采用主题活动法和集中训练法进行理解训练。 **（3）目标达成** 理解：能够正确指认或者选出目标图片，能正确演示句意。例：我把碗打翻了。 表达： ① 在课堂和日常环境中能完整复述康复师 / 家长表述的非可逆句。 ② 在课堂和日常环境中能仿说或仿写同一句法结构的非可逆句。 ③ 在课堂和日常环境中能自主表达非可逆句。

续表

训练项目		目标与内容	教学建议
句子理解与表达能力训练	1. 陈述句（2）	**（4）兼语句** 能理解兼语句。 能理解用兼语短语充当谓语的句子。 能模仿或使用兼语句。 例：老师给我们看长城的图片。	**（1）教学准备** 自备材料：国家语文教材、图片或实物。 推荐材料：康复云课件。 **（2）教学方法** 可采用主题活动法和集中训练法进行理解训练。 可采用句子变换法和连词成句法进行表达训练。 **（3）目标达成** 理解：能够正确指认或者选出目标图片，能正确演示句意。例：老师给我们看长城的图片。 表达： ① 在课堂和日常环境中能完整复述康复师 / 家长表述的兼语句。 ② 在课堂和日常环境中能仿说或仿写同一句法结构的兼语句。 ③ 在课堂和日常环境中能自主表达兼语句。
		（5）比较句 能理解比较句。 能理解谓语中含有比较词语或比较格式的句子。比较句在结构上由比较主体、比较客体、比较词、比较点、比较值等成分构成。比较句从语义上可分为等比句、差比句、限比句，它们都有鲜明的句法特征和语义特征。 能模仿或使用比较句。 例 1：西瓜比苹果大。 例 2：火车比汽车跑得快。 例 3：王立比田军高。 例 4：姐姐的语文课本比我的语文课本厚。	**（1）教学准备** 自备材料：国家语文教材、图片或实物。 推荐材料：康复云课件。 **（2）教学方法** 可采用提示促进法和判断纠正法进行理解训练。 可采用句式仿说法和连词成句法进行表达训练。 **（3）目标达成** 理解：能够正确指认或者选出目标图片，或者能根据实际情况正确回答问题，如：西瓜和苹果哪个大? 表达： ① 在课堂和日常环境中能完整复述康复师 / 家长表述的比较句。 ② 在课堂和日常环境中能仿说或仿写同一句法结构的比较句。 ③ 在课堂和日常环境中能自主表达比较句。

续表

训练项目		目标与内容	教学建议
句子理解与表达能力训练	1. 陈述句（2）	**（6）简单的比喻句** 能理解比喻句。 能理解把一个物体或人比喻成另一个物体或人，包含本体、喻体和喻词的句子。 能模仿或使用比喻句。 例 1：弯弯的月亮像香蕉。 例 2：妹妹的脸蛋像红红的苹果。	**（1）教学准备** 自备材料：国家语文教材、图片或实物。 推荐材料：康复云课件。 **（2）教学方法** 可采用提示促进法和判断纠正法进行理解训练。 可采用句式仿说法和连词成句法进行表达训练。 **（3）目标达成** 理解：能够正确指认或者选出目标图片，能正确演示句意。例：弯弯的月亮像香蕉。 表达： ① 在课堂和日常环境中能完整复述康复师 / 家长表述的比喻句。 ② 在课堂和日常环境中能仿说或仿写同一句法结构的比喻句。 ③ 在课堂和日常环境中能自主表达比喻句。
		（7）联合复句 能理解联合复句。 能理解由两个或两个以上意义相关、结构上互不作句子成分的分句组成，且分句间关系平等、无主从之分的句子，包括并列复句、顺承复句、递进复句等复句。 能使用联合复句的句式仿写句子。 能模仿或使用联合复句。 ① 简单的并列复句： 例 1：我一边吃饭，一边看电视。 例 2：姐姐高，妹妹矮。 ② 带关联词语的并列复句： 例：屋子里有写字台，有书架，还有衣柜。 相关句式还包括： 谁先做什么，再做什么。 什么和什么是什么，什么和什么也是什么。 哪些人在哪儿做什么，有的做什么，有的做什么，还有的做什么。 ③ 顺承复句： 例：我家在立新路 3 号，附近有少年宫。	**（1）教学准备** 自备材料：国家语文教材、图片或实物。 推荐材料：康复云课件。 **（2）教学方法** 可采用集中训练法和提示促进法进行理解训练。 可采用句式仿说法和连词成句法进行表达训练。 **（3）目标达成** 理解：能够正确指认或者选出目标图片，能正确演示句意。例：我有两个书包，一个印有米老鼠图案，一个印有喜羊羊图案。 表达： ① 在课堂和日常环境中能完整复述康复师 / 家长表述的联合复句。 ② 在课堂和日常环境中能仿说或仿写同一句法结构的联合复句。 ③ 在课堂和日常环境中能自主表达联合复句。

续表

训练项目		目标与内容	教学建议
句子理解与表达能力训练	1. 陈述句（2）	**（8）偏正复句** 能理解偏正复句。 能理解由两个或两个以上意义相关、结构上互不作句子成分的分句组成，且分句间关系不平等、有主次之分的句子，包括无关联词语的因果复句等复句。 能模仿或使用偏正复句。 例 1：芸芸的铅笔芯断了，她在削铅笔。 例 2：小民和大星乱扔果皮，小华劝他们不要这样做。	**（1）教学准备** 自备材料：国家语文教材、图片或实物。 推荐材料：康复云课件。 **（2）教学方法** 可采用集中训练法和提示促进法进行理解训练。 可采用句式仿说法和连词成句法进行表达训练。 **（3）目标达成** 理解：能够正确指认或者选出目标图片，能正确演示句意。例：芸芸的铅笔芯断了，她在削铅笔。 表达： ① 在课堂和日常环境中能完整复述康复师 / 家长表述的偏正复句。 ② 在课堂和日常环境中能仿说或仿写同一句法结构的偏正复句。 ③ 在课堂和日常环境中能自主表达偏正复句。
		（9）连动句 能理解连动句。 连动句是用连动短语充当谓语的句子，或者是由连动短语直接构成的句子。 能模仿或使用连动句。 例：李老师到电影院的售票处买了十四张电影票。	**（1）教学准备** 自备材料：国家语文教材、图片或实物。 推荐材料：康复云课件。 **（2）教学方法** 可采用主题活动法和集中训练法进行理解训练。 可采用句子变换法和连词成句法进行表达训练。 **（3）目标达成** 理解：能够正确指认或者选出目标图片，能正确演示句意。例：李老师到电影院的售票处买了十四张电影票。 表达： ① 在课堂和日常环境中能完整复述康复师 / 家长表述的连动句。 ② 在课堂和日常环境中能仿说或仿写同一句法结构的连动句。 ③ 在课堂和日常环境中能自主表达连动句。

续表

训练项目		目标与内容	教学建议
句子理解与表达能力训练	2. 疑问句	**（1）是非疑问句** 能理解是非疑问句。 当发问的人说明一种情况，或提出一种看法时，能根据实际情况做出肯定或否定的回答。（形式可以是口语或动作等） 能模仿或使用是非疑问句。 例：这首歌你学会了吗？	**（1）教学准备** 自备材料：国家语文教材、图片或实物。 推荐材料：康复云课件。 **（2）教学方法** 可采用判断纠正法和提示促进法进行理解训练。 可采用句子判断法进行表达训练。 **（3）目标达成** 理解：当康复师或家长用是非疑问句提问时，儿童能根据实际情况做出正确回应，形式可以是口语或动作等。例：今天你吃早饭了吗？ 表达：在日常实际情境中，儿童能主动根据情境说明一种实际情况或提出一种看法，要求对方做出肯定或否定的回答。
		（2）选择疑问句 能理解选择疑问句。 当发问的人用几个分句提出选项时，能根据具体情况选择其一进行回答。 能模仿或使用选择疑问句。 例：哥哥在吃苹果，还是在吃香蕉？	**（1）教学准备** 自备材料：国家语文教材、图片或实物。 推荐材料：康复云课件。 **（2）教学方法** 可采用判断纠正法和提示促进法进行理解训练。 可采用句式仿说法和句子判断法进行表达训练。 **（3）目标达成** 理解：当康复师或家长用选择疑问句提问时，儿童能根据实际情况做出正确回应。例：哥哥在吃苹果，还是在吃香蕉？ 表达：儿童能根据日常情境用几个分句进行主动提问，让对方选择回答。
		（3）特指疑问句 能理解特指疑问句。 发问的人用疑问代词“谁、什么、怎样、为什么、哪里”等提出疑问点，要求对方针对疑问点做出回答。 能模仿或使用特指疑问句。 例：刚才你为什么要推我一下？	**（1）教学准备** 自备材料：国家语文教材、图片或实物。 推荐材料：康复云课件。 **（2）教学方法** 可采用主题活动法和提示促进法进行理解训练。 可采用句式仿说法和句子判断法进行表达训练。 **（3）目标达成** 理解：当康复师或家长用疑问代词“谁、什么、怎样、为什么、哪里”等提出疑问点时，儿童能根据实际情况做出正确回应，形式可以是口语或动作等。例：刚才说话的是谁呀？ 表达：儿童能用疑问代词“谁、什么、怎样、为什么、哪里”等提出疑问点，要求对方针对疑问点做出回应。例：玩具小汽车在哪里？

五、课程实施建议

（一）教学建议

1. 听觉言语康复教育目标明确清晰

每一项康复教育训练的目标都要明确、清晰，每次教学不宜有过多的目标。教师应根据训练目标细化学习内容，针对学生能力合理安排学习顺序。

2. 听觉言语康复教育内容具体适切

特殊儿童听觉言语康复教育训练内容既要参照普通儿童的言语发展规律，更要符合特殊教育对象的言语发展水平与特点。训练时要把握和分解训练难点，利用合适的方法，分而教之；训练要与聋校语文、沟通与交往等课程的语言教学结合起来，要和学生的生活经验紧密联系起来。

3. 听觉言语康复教育形式灵活多样

听觉言语康复教育过程常见的组织形式有三种：集体训练、小组训练和个别化训练。此外，教师可根据学生数量、学生间的差异性、教育训练的内容和软、硬件资源状况等选取合适的训练方式。

4. 听觉言语康复教育材料丰富有趣

听觉言语康复教育课程可选择的素材有很多，如多媒体课件、玩教具、自制材料等。要整合多媒体课件的集成性、控制性和交互性，玩教具的补偿性、转换性和操作性，自制材料的针对性和方便性，要结合学生实际情况，综合选择训练材料，让学生在轻松愉快的环境中进行训练。

（二）评价建议

1. 评价的目的和意义

评价是听觉言语康复训练课程实施中的重要环节。评价包括对学生能力的前期评价、发展性评价以及终结性评价，这些构成了一个整体的评价体系。

开展前期评价的目的在于了解学生在康复方面的不同需求，找出学生已达到的能力水平，制订相应的个别化康复计划。在康复过程中进行发展性评价，有助于了解学生的教育康复过程，及时修改和调整康复计划。终结性评价能够提供康复反馈，监控康复效果，为下一阶段康复找准目标。

教学中对学生的评价可参照本书中的目标与要求，以目标为导向评估学生的康复效果，并根据实际有针对性地探索适合本校学生的评估指标体系。

2. 评价的原则和方法

（1）听觉言语能力评估与训练相结合

评估的根本目的是全面了解学生的听觉言语发展水平，为制订和调整训练计划提供依据，使训练过程更符合学生的发展需要。

（2）听觉言语能力评估与其他评估相结合

听觉言语能力是综合的、立体的，它与其他能力交织在一起，具有现实的鲜活性和复杂性。康复师应把听觉言语能力评估和认知能力评估等结合起来，对学生听觉言语各方面的发展进行全面的评估。

（3）过程性评价与终结性评价相结合。

既注重考查教学过程，又注重考查训练结果，才能对学生做出一个相对全面、真实、准确的结论。

（4）静态评估和动态评估相结合

静态评估有助于横向比较，分析学生在某阶段是否达到了同龄普通儿童发展水平，动态评估有助于教师了解学生的进步情况，二者结合才能扬长避短，优势互补。

（三）保障课程实施的建议

1. 教材编写

教材是完成课程目标规定任务的基本材料，必须有利于不同层次的学生发展和提高。教材编写应符合正常儿童言语发展的生理顺序，由易到难，由浅入深，具体翔实，具有较强的操作性和指导性。教材用语应简洁明了，规范合理。教材应充分考虑到学生之间的个别差异，保持弹性。

2. 师资配备

学校应配备专（兼）职教师任教，支持教师接受专业培训。学校可以聘请相关专业人士指导本校专（兼）职教师开展教学工作。

为保证对学生进行听觉言语康复能力的科学评估并进行有效教学，在必要时可以配备助教教师，协助教学与评估工作。

3. 课程资源的开发与利用

积极开发并合理利用校内外各种课程资源。充分发挥学校多媒体设备、康复仪器以及远程康复资源的作用，广泛联合校外的高校、医院、残联、民政、康复机构、家庭等社会资源，大力开发多样化的课程资源：

文字资源：图书（包括教材与教辅）、图片等。

音像资源：影视、录像、各种康复教育软件等。

实物资源：康复仪器、康复室、视听教室、多媒体设备（网络、电视、广播等）等。

人力资源：教师、学生及其家庭成员、其他社会各界人士（专家、医生、康复机构人员、福利院人员、社区工作人员等）。

充分利用现代信息技术。教师应尽可能使现代信息技术与本课程教学有机结合，丰富课程资源，有条件的地方要尽量开发利用网络资源。

4. 教学管理

将“听觉言语康复训练”课程写入课表。

规范学生档案创建、使用和归档的工作，包括学生基本信息、入学初评结果、入学以来认知康复训练课堂记录和过程性评价、每学期的阶段性评价等重要信息。也可和电子档案相结合，方便提取和查找。

组织教师开展针对儿童听觉言语个别化康复训练的教案研讨、课例示范，及时总结经验，不断提高教师教育康复技能，保证学生接受高质量的康复训练。

附录1　汉语拼音字母表

声母：b p m f d t n l g k h j q x zh ch sh r z c s y w

韵母：a o e i u ü ai ei ao ou ia ie iao iu ua uo uai ui üe er an en ang eng ong ian in iang ing iong uan un uang üan ün

整体认读音节：zhi chi shi ri zi ci si yi ye yin ying wu yu yue yun yuan

附录 2　发音器官图

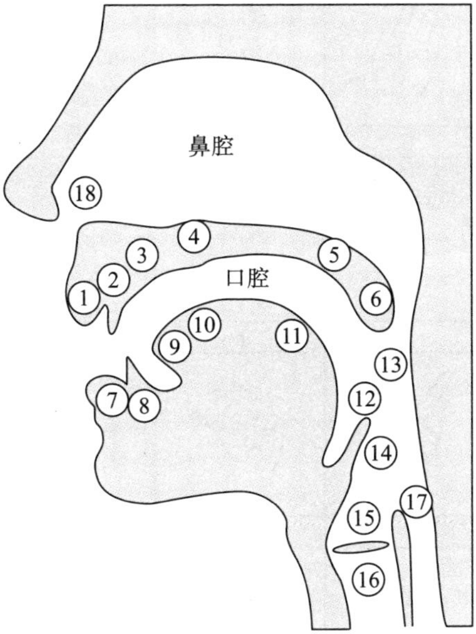

1. 上唇	2. 上齿	3. 牙床	4. 硬腭
5. 软腭	6. 小舌	7. 下唇	8. 下齿
9. 舌尖	10. 舌面	11. 舌根	12. 咽头
13. 咽壁	14. 会厌	15. 声带	16. 气管
17. 食道	18. 鼻孔		

附录 3　汉语手指字母图

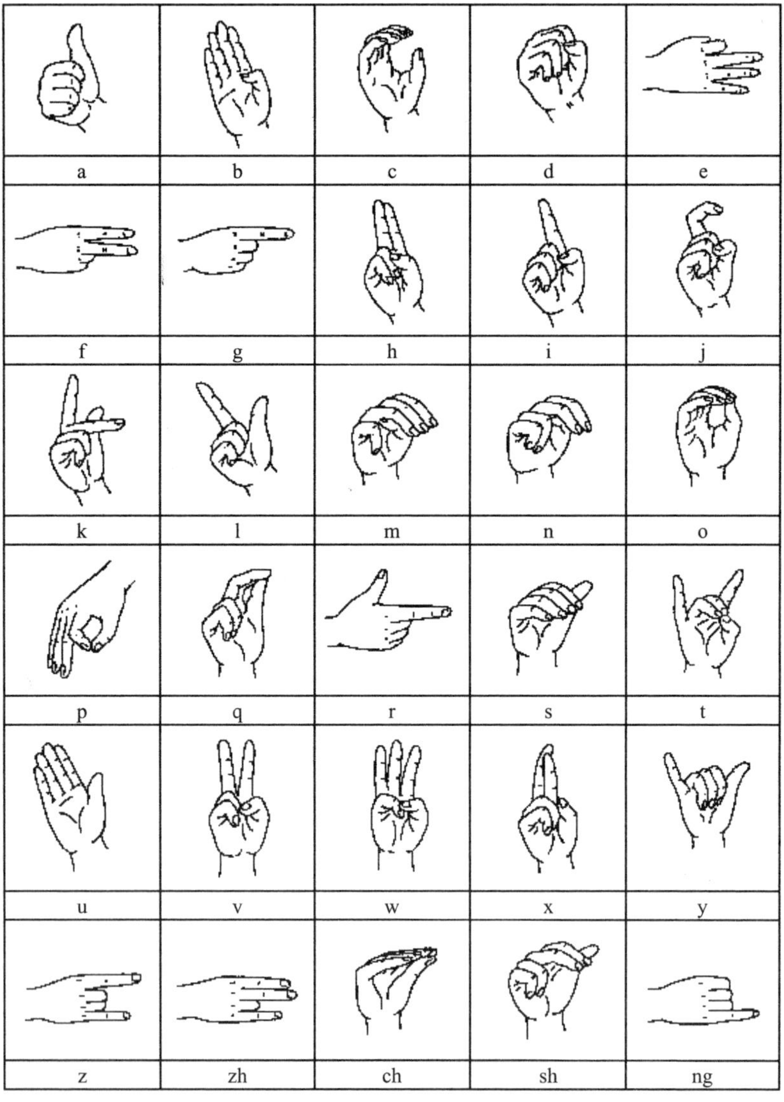

附录 4　写字笔顺规则表

规　　则	例　字	笔　顺
先横后竖	十	一　十
先撇后捺	人	丿　人
从上到下	三	一　二　三
从左到右	地	土　地
先外后内	向	门　向
先外后内再封口	田	冂　田　田
先中间后两边	小	亅　小　小

附录 5　汉字笔画名称表

笔　画	名　称	例　字	笔　画	名　称	例　字
㇐	横	十	㇋	横折折撇	造
㇑	竖	千	㇡	横折折折钩	奶
㇒	撇	人	㇚	竖钩	水
㇔	点	主	㇙	竖提	农
㇏	捺	人	㇗	竖折	山
㇀	提	地	㇄	竖弯	西
㇖	横钩	军	㇟	竖弯钩	毛
㇇	横撇	水	㇉	竖折折钩	马
㇕	横折	员	㇛	撇点	安
㇆	横折钩	月	㇜	撇折	去
㇊	横折提	话	㇁	弯钩	家
㇈	横折弯钩	九	㇂	斜钩	民

附录 6　学前听障儿童个别化教育康复方案

一、学生基本资料

<table>
<tr><td>学生姓名</td><td></td><td>性别</td><td></td><td>出生日期</td><td></td><td>学校</td><td></td><td>障碍类型</td><td></td></tr>
<tr><td>听力情况</td><td></td><td>助听设备及开机时间</td><td></td><td>鉴定机构</td><td colspan="2"></td><td>鉴定日期</td><td colspan="2"></td></tr>
<tr><td>父</td><td></td><td rowspan="2">教育程度</td><td></td><td rowspan="2">职业</td><td></td><td rowspan="2">出生日期</td><td></td><td rowspan="2">联系电话</td><td></td></tr>
<tr><td>母</td><td></td><td></td><td></td><td></td><td></td></tr>
<tr><td colspan="10">家庭状况</td></tr>
<tr><td colspan="10"></td></tr>
<tr><td colspan="4">生长史</td><td colspan="6">医疗史与康复训练史</td></tr>
<tr><td colspan="4"></td><td colspan="6"></td></tr>
</table>

二、评估结果及分析

（一）听觉功能

<table>
<tr><th>评估项目</th><th>评估内容</th><th>数据</th><th>结果及分析</th></tr>
<tr><td rowspan="4">分辨能力</td><td></td><td></td><td rowspan="4"></td></tr>
<tr><td></td><td></td></tr>
<tr><td></td><td></td></tr>
<tr><td></td><td></td></tr>
<tr><td rowspan="4">识别能力</td><td></td><td></td><td rowspan="4"></td></tr>
<tr><td></td><td></td></tr>
<tr><td></td><td></td></tr>
<tr><td></td><td></td></tr>
<tr><td rowspan="3">理解能力</td><td></td><td></td><td rowspan="3"></td></tr>
<tr><td></td><td></td></tr>
<tr><td></td><td></td></tr>
</table>

（二）言语功能

评估项目	评估内容	数据	结果及分析
呼吸功能	MPT（s）		
	MCA（s）		
发声功能	言语基频（Hz）		
共鸣功能	a 的共振峰		
	i 的共振峰		
	u 的共振峰		
口部运动功能	下颌运动		
	唇运动		
	舌运动		
构音清晰度	声母音位对		
	韵母音位对		
	声调音位对		

（三）语言功能

评估项目	评估内容	数据	结果及分析
语音产生	声母		
	韵母		
词语	词语理解		
	词语命名		
句子	句子理解		
	模仿句长		
	句式仿说（语法）		
	句式仿说（语义）		

（四）认知功能

评估项目	评估内容	数据	结果及分析
知识评估	颜色		
	形状		
	时间		
	空间		
	物体的量		
	基数		
	序数		
	表象运算		
	加法运算		
	减法运算		
能力评估	空间次序		
	动作序列		
	目标辨认		
	图形推理		
	逻辑类比		

（五）康复建议

三、学期计划

领域	主要内容	目标达成程度
听觉		
言语		
语言		
认知		

四、月计划

领域	主要内容	短期目标总课时量
听觉		
言语		
语言		

五、周计划

时间	主要内容及目标
第 × 周	

附录 7　听障儿童集体教育康复方案

一、学生基本资料

同附录 6 学前听障儿童个别化教育康复方案“学生基本资料”部分。

二、评估结果及分析

同附录 6 学前听障儿童个别化教育康复方案“评估结果及分析”部分。（评估结果分析示例：经以上评估，本班 6 名儿童中有 5 名认知功能较正常，1 名儿童的认知功能需要训练。听觉“最适”的有 3 名，“适合”的有 3 名。构音语音能力处于第一阶段的 1 人，处于第二阶段的 1 人，处于第四阶段的 3 人，处于第五阶段的 1 人。言语功能较正常的 1 人，其他儿童听觉、言语、语言均需进行康复训练。综合以上并结合本班儿童对所学知识的接受情况，将本班儿童分为 A、B、C 三类）

三、学期计划

领域	主要内容	目标达成程度		
		A	B	C
兴趣与意志				
听觉（看话）				
言语				
语言				
认知				

四、月计划

领域	主要内容
兴趣与意志	
听觉（看话）	
言语	
语言	
认知	

五、周计划

时间	主要内容及目标
第一周	
……	
第十六周	期末评估

附录 8　教案举例

看图学句

——谁喜欢什么，更喜欢什么

学科	语言	设计人	冯莎莎
教学对象	二年级听障儿童	主讲人	冯莎莎
课型	集体课	辅课	无

一、教学内容分析

本节课内容选自全日制聋校实验教材第四册 11 课，在“医教结合、综合康复”的理念指导下，通过“选 CD”的情节设计，教授新句型“谁喜欢什么，更喜欢什么”。让学生学习“更”字，正确理解“更”的意思，并学习使用；结合本课学习的和以前学习的词语生成句子，在情境中进行句子的灵活表达，增强主动语言沟通频率。

二、学情分析

本班听障儿童共 6 名，平均年龄 9 岁。其中 3 名双耳佩戴助听器，3 名植入人工耳蜗。具体情况如下所示：

层级	姓名	障碍类型及程度	构音语音能力现状	相关能力现状
A类	董 ××	听障；人工耳蜗；最适	构音语音能力处于第五阶段	语言沟通能力处于 6 级，能用完整句表达要求。相关词语全部掌握。
	曲 ××	听障；助听器；适合	构音语音能力处于第四阶段	语言沟通能力处于 5 级，能用完整句表达简单要求。相关词语全部掌握。
	陈 ××	听障；助听器；适合	构音语音能力处于第四阶段	语言沟通能力处于 5 级，能用完整句表达简单的要求。相关词语全部掌握。
	吴 ××	听障；人工耳蜗；最适	构音语音能力处于第二阶段	语言沟通能力处于 4 级。相关词语全部掌握。
B类	衣 ××	听障；助听器；适合	构音语音能力处于第四阶段	语言沟通能力处于 4 级，语言能力偏低。相关词语都了解。
C类	杨 ××	听障；人工耳蜗；最适	构音语音能力处于第一阶段	语言沟通能力处于 2 级。相关词语都了解。

续表

三、教育康复目标

1. 培养认真看（听）别人表述，努力了解主要内容的良好的语言交往习惯。（A、B、C类）

2. 理解句子的意思，正确、连贯地朗读句子。（A、B、C类）会用“谁喜欢什么，更喜欢什么”的句式仿说句子。（A、B类）

3. 学习“更”字，正确理解“更”的意思，并学习使用。（A、B、C类）

4. 提高用语言进行沟通交流的兴趣，对于事件有自己的感受和想法，（A、B、C类）并乐于用本课的句型与人交流，态度自然大方，有礼貌。（A、B类）

康复目标	儿童能力层级及掌握程度		
	A类	B类	C类
句式“谁喜欢什么，更喜欢什么”	表达	表达（口头提示）	了解

四、教育康复重点、难点

重点：理解句子的意思，会用“谁喜欢什么，更喜欢什么”的句式说、写句子。

难点：理解“更喜欢”的意思，会用所学句式在情境中进行表达。

五、教育康复准备

1. 环境准备：录课教室，本底噪声≤ 45dB。

2. 教具准备：图片、PPT、拼音磁贴、磁扣、前后测表、CD。

六、教学过程	设计意图
（一）新知诱导 1. 组织教学：点名。 2. 语技训练。 （1）呼吸放松训练。 （2）舌操。 （3）拼读：g—eng—geng。	为本节课学生的语言训练进行言语准备。
3. 复习巩固。 师：同学们，上节课我们做什么了？ （生：看晚会。） 师：（贴节目板）在晚会上，我们看了好多精彩的节目，那你们还记得这些节目的名字吗？（写有名字的字条放在边上） 师说词语，生听辨：弹钢琴，唱歌，打腰鼓，踩高跷，变魔术，耍杂技，跳舞……（生回答并贴相应字条）	分不同难度对上节课的内容进行分层检查与复习。
（二）前测 师：这么多的节目里你喜欢哪个？谁来给大家说一说。	提问，对学生进行句型的前测。

	董××	曲××	陈××	吴××	衣××	杨××
××喜欢××，更喜欢××。	0	0	0	0	0	0

续表

六、教学过程	设计意图
（三）习得新知 1. 师：刚才陈 ×× 说他喜欢什么？董 ×× 说她喜欢什么？ 刚才董 ×× 说喜欢唱歌和跳舞。 师板书：董 ×× 喜欢唱歌和跳舞。 师：董 ××，老师这里有两张 CD，一张是唱歌的，一张是跳舞的，你喜欢哪一张？老师只能送你一张，你选哪一张？为什么？（引导学生在挑选中明白自己更喜欢跳舞，并用“喜欢跳舞多一些”这样的语言表达） 师：唱歌和跳舞你都喜欢，但是喜欢跳舞多一些，我们可以说“更喜欢跳舞”。 板书“gèng”（拼音），范读，挨个正音。 领学生朗读句子。（个别读，集体读） 提问：董 ×× 为什么选跳舞的 CD？ 引导学生说：董 ×× 更喜欢跳舞。 2. 学习“更”字。 还可以说“更……”？多举例子，让学生理解“更”字，如更多、更高、更长、更大。 学习“更”的写法：师在田字格里范写，学生观察；学生交流观察所得；书空，分解笔顺；在田字格里练写。 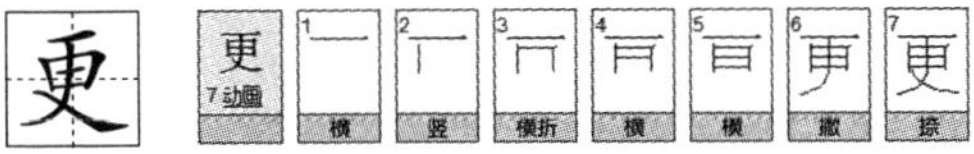 3. 再读句子，总结句型。 （四）仿用新知 师：谁来说一说，这些节目里你喜欢什么，更喜欢什么？ 指生板书。 （五）活用新知 师：今天，老师请来了两位小客人，听一听它是谁？（放狗叫） 出示小狗图，师：谁喜欢小狗？ 师：还有一位小客人，听一听它是谁？（放猫叫） 出示小猫图，师：谁喜欢小猫？ 师：你们喜欢小猫，还喜欢小狗，可是今天只能领一只回家，你领哪个呢？为什么？（学生挨个到黑板上选，并说话，教师提示） 生：我要领……回家。因为我喜欢……，更喜欢……。	引导学生在别人说话时认真听，认真看。培养学生良好的语言交往习惯。 由前测的问题引入新课。 情境表演中理解“更喜欢”。 举例子理解“更”的意思。 教师板书时，引导学生认真观察，培养学生的观察能力。 用提示促进法让学生仿说句子，把学过的词语替换进例句里，生成新的句子。 创设情境，引导学生在教师的提示下尝试把学的句式用在对话中，并表达自己的感受和想法。 动手领小动物采用人机互动，会让孩子觉得这个小游戏充满了趣味，能够主动去参与，更乐意去表达。

续表

<table>
<tr><th>六、教学过程</th><th>设计意图</th></tr>
<tr><td>（六）拓展新知
师：同学们今天表现真好，老师要请大家吃水果，我们来看看有什么呢？
师：今天的水果不能自己拿，要在“谁来问，谁来答”的游戏中由同桌拿给你。
师出示对话提示：
问：你喜欢吃……吗？
答：我喜欢吃……，更喜欢吃……。
展示：两人一组到讲台根据提示问答，并选自己喜欢的水果。（让学生自己说，教师尽量无提示）
（七）课堂评价（后测）
师：还有一节课就要吃午饭了，那食堂今天中午有什么菜呢？
师：你喜欢什么菜？请你想一想，用今天学的句型说一说。
<table>
<tr><td></td><td>董××</td><td>曲××</td><td>陈××</td><td>吴××</td><td>衣××</td><td>杨××</td></tr>
<tr><td>××喜欢××，更喜欢××。</td><td>1</td><td>1</td><td>1</td><td>1</td><td>1</td><td>0</td></tr>
</table>
对孩子们进行不要挑食，饮食要均衡的教育。
（八）课后延伸（拓展作业）
师：本节课我们学习了什么？是新句式“谁喜欢什么，更喜欢什么”。课下请同学们问一问自己身边的人喜欢什么，用“谁喜欢什么，更喜欢什么”的句式记录下来。下节课进行交流，看谁说得好，说得多。</td><td>由“喜欢什么，更喜欢什么”增加难度为“喜欢吃什么，更喜欢吃什么”。贴近学生生活，将学生的生活经验与本节课内容有效关联，提高学生的语用能力。同时学生能更熟练地运用句式进行对话，表达感受。
考察能否在生活中对句式灵活运用，熟练表达。</td></tr>
<tr><th>七、教学延伸</th><th>设计意图</th></tr>
<tr><td>1. 在美术课中，学习画出自己喜欢和更喜欢的事物，并说一说。
2. 在语言个训课中，用目标句式说句子。</td><td>各科配合教学，全面提高学生听觉、言语、语言的能力。</td></tr>
<tr><th>八、家庭教育康复指引</th><th>设计意图</th></tr>
<tr><td>在家里了解家人都喜欢什么，用目标句式说句子。</td><td>获得家长更好的配合，提高康复质量。</td></tr>
<tr><th colspan="2">九、教学反思</th></tr>
<tr><td colspan="2">本节课在以前学过的句型“谁喜欢什么”的基础上，学习递进复句“谁喜欢什么，更喜欢什么”，其中理解“更”的意思是本课难点。教学中没有直接讲字意，而是通过举例子的方法，让学生领会词意。在句式教学中，采用了提示促进法、集中训练法、句式仿说法、增加句长法等方法，逐步让学生理解句意，掌握句型，能根据实际情境对遇到的事情用所学句式表达自己的意愿，取得了较好效果。经后测，有5个学生掌握了句型，1个学生了解了句型，达到了本节课所设定的目标。</td></tr>
</table>